Peter Weber (Hg.)

Tätig sein!

Jenseits der Erwerbsarbeit

Peter Weber (Hg.)

Tätig sein!
Jenseits der Erwerbsarbeit

Psychiatrie-Verlag

Peter Weber
Tätig sein! Jenseits der Erwerbsarbeit
1. Auflage 2005
ISBN 3-88414-386-7

Bibliografische Information der Deutschen Bibliothek
Die Deutsche Bibliothek verzeichnet diese Publikation in der deutschen Nationalbibliografie; detaillierte bibliografische Daten sind im Internet über http://dnb.ddb.de abrufbar.

Psychiatrie-Verlag im Internet: www.psychiatrie.de/verlag

Verlag, Herausgeber und Autor Manfred Becker von der *Aktion Psychisch Kranke* möchten das vorliegende Buch dem Gedenken an Karl-Ernst Brill widmen, der, wie bei so vielen Büchern, auch bei diesem Buch im Hintergrund mit vielen nützlichen Tipps zur Seite stand. Er verstarb völlig unerwartet in der Nacht zum 7. November 2004.

Umschlaggestaltung: markus lau hintzenstern, Berlin
Satz: Marina Broll, Dortmund
Druck und Bindung: Clausen & Bosse, Leck

Arbeit oder Arbeitsplatz? Einleitung

Peter Weber

Dass psychisch kranke Menschen ein Recht auf einen Arbeitsplatz haben sollten, steht außer Frage. Dass die berufliche Eingliederung psychiatrieerfahrener Menschen und in diesem Zusammenhang auch die Rehabilitationseinrichtungen besser gefördert werden müssten, ist ebenfalls eine sinnvolle und berechtigte Forderung. Dass Zuverdienst- und andere niedrigschwellige Arbeitsangebote eine abgesicherte, legitime Form bräuchten und dass eine Grund-Entlohnung unabhängig von der Geschäftsentwicklung dieser Einrichtungen gesichert sein muss, ist seit Jahren klar. Dass alle psychiatrieerfahrenen Menschen eine bessere Grundsicherung haben sollten, versteht sich ebenfalls von selbst.

Und doch ...

Konjunkturell oder strukturell?

Seit nunmehr gut 20 Jahren wird in Deutschland wie im übrigen westlichen Europa über Arbeitslosigkeit gesprochen und geschrieben. Genauso lange hält nun auch schon die Diskussion darüber an, wo die *Ursache* für die wenige Arbeit in diesen Ländern liegt. In dieser Diskussion stehen sich, über die Jahre mehr oder weniger differenziert ausgeführt, zwei Standpunkte gegenüber: Die eine Position geht davon aus, dass unsere Wirtschaft, aus den unterschiedlichsten Gründen wie dem so genannten Reformstau, gar nicht richtig »anziehen« könne und deshalb auch keine (zusätzliche) Arbeit dabei herauskäme. Diese Argumentation verbindet sich mit der Hoffnung auf einen Wirtschaftsaufschwung, auf mehr Konjunktur »im nächsten Jahr«, mit der dann endlich wieder die Beschäftigungsrate steige.

Dieser Meinung steht gegenüber, dass die hoch entwickelten Wirtschaftssysteme der reichen Industriestaaten an einem Punkt angekommen seien, an dem sie ab sofort und für die weitere Zukunft mit weniger Menschen und mit weniger Arbeitszeit auskommen werden, und zwar ohne an Effizienz zu verlieren. Wäre die zweite Meinung unserer Realität angemessener, und einiges scheint dafür zu sprechen, dann müssten wir die gegenwärtige Situation als nicht wirklich veränderbaren Ausgangspunkt annehmen – und auch individuell entsprechend reagieren ...

Ungeachtet der zweiten Position werden seit Jahren die Gründe für die nicht »anziehende« Konjunktur erforscht, auch regelmäßig »gefunden«, um Konsequenzen daraus zu ziehen, aber wenn dann trotz der günstigen Prognose wieder einmal die Statistiken nicht die erwünschten Ergebnisse nachweisen lassen, wird erneut davon gesprochen, nun die neuerlichen Gründe finden zu müssen – ein Prozess, den wir getrost ohne ein Ende weiter betreiben können. Letztlich unterscheiden sich die Argumentationsfiguren in diesem vergangenen Zeitraum nicht sonderlich. Und eigentlich ist auch alles gesagt.

Bei diesem Prozess der scheinbar günstigen Prognosen parallel zu gleichermaßen durchgängig katastrophalen Statistiken mutet es doch recht merkwürdig an, mit welcher Beharrlichkeit und nicht enden wollender Optimismusverbreitung die Diskussion verläuft: Die mutig und munter weiter argumentierenden Politiker stellen immer noch die – leicht modifizierte – konjunkturelle Argumentation in den Vordergrund, während hinter ihrem Rücken die (Arbeits-)Strukturen »verschluckt« werden. Noch immer wird davon gesprochen oder darüber geschrieben, dass eigentlich genug Arbeit da sei. Nur, wo?

Merkwürdig ist aber auch, wie konsequent dieser Optimismus von uns Menschen aufgegriffen wird, die wir selbst betroffen sind, als würden auch wir die ständig wachsenden Arbeitslosenzahlen nicht wirklich beachten. Lieber nehmen wir Einschränkungen unseres Lebensstandards in Kauf, wählen Politiker, die diese Parolen vertreten, und hoffen, »irgendwie« wieder in die Erwerbsarbeit zu finden.

Die konsequente Aufrechterhaltung des Lebenszieles »Arbeitsplatz« zieht sich wie ein roter Faden durch alle Teilsysteme unseres gesellschaftlichen Lebens (auch im Gesundheitswesen). Die damit festgelegten und formulierten Wege in Arbeit hinein erscheinen immer und weiterhin als gangbar und damit erreichbar, sodass es längst den Anschein hat, als sollte dieser Horizont (politisch) zwar bewusst als greifbar erscheinen, um den Menschen eine Perspektive aufrechtzuerhalten, mit der politisch und ökonomisch jongliert werden kann, nie aber scheint das Ziel tatsächlich erreichbar zu sein. Der Riese wird kleiner, je näher wir ihm treten.

Es ist nur schwer noch daran zu glauben, dass es zu einer wesentlichen Änderung kommen wird und zukünftig deutlich mehr Menschen Erwerbsarbeit haben werden. Eher liegt der Gedanke nahe, dass politisch Wege geebnet oder konstruiert werden müssen, auf denen Menschen in Arbeit oder eine Betätigung finden, Arbeit, die dann aber etwas anders aussehen dürfte als das, was wir bisher als »Arbeit« angesehen haben.

Damit wird hier schon einmal deutlich, was dieses Buch will: Der hier vorliegende Ratgeber ist geschrieben für Menschen, die sich darüber im Klaren sind oder sich auf dem Weg dorthin befinden, dass es nicht mehr um mehr Konjunktur und damit um die Haltung geht: »Sobald das eintritt, haben alle wieder Arbeit.« Der Ratgeber möchte dort ansetzen, wo es darum geht, in einem System der sich immer mehr verringernden Erwerbsarbeit für sich selbst Wege in eine sinnvolle Arbeit zu finden, die außerhalb der klassischen Arbeitssysteme liegt.

Arbeitsrehabilitation psychisch kranker Menschen

Wie stellt sich nun die Situation für Menschen dar, die psychisch erkrankt sind und auf die Hilfesysteme der Arbeitsrehabilitation angewiesen sind?

Wer in den vergangenen zwei Jahrzehnten in der Arbeitsrehabilitation tätig war oder aber als Psychiatrie-Erfahrener mit der Wiedereingliederung in Arbeit zu tun hatte, wird sich bzw. muss sich immer wieder die Frage gestellt haben, ob die seitdem ständig schlechter werdenden Arbeitsmarktbedingungen noch genügend Perspektiven für eine eigene Erwerbsarbeit bieten – übrigens gilt dies genauso für die Arbeitsplätze der in der Rehabilitation Tätigen.

Dies betrifft nicht nur »bloß« die statistische Vermittlungschance, also die Frage: »Wieso sollten gerade die, die noch ein Handicap mitbringen, auf dem enger werdenden Arbeitsmarkt einen Platz finden?« Wesentlicher noch erscheinen die sich rapide verändernden konkreten Arbeitsanforderungen. So ist der Druck, sich am Arbeitsplatz bewähren zu müssen, bei der Menge der möglichen und sofort bei eigenem Arbeitsausfall einspringenden Mit-Bewerbern um Arbeit ungleich höher geworden. Diese verschärfte Konkurrenzsituation wirkt sich ebenso wie der über die veränderten Management- und Produktionsbedingungen erhöhte Flexibilitätsbedarf in den Arbeitsabläufen absolut negativ, mindestens aber stark beeinflussend auf die Rehabilitationsverläufe aus (mehr zu den Hintergründen siehe das zweite Kapitel).

Die arbeitsrehabilitativ tätigen Einrichtungen haben versucht sich im Laufe der Jahre auf diese Situation einzustellen, denn Grundlage der inzwischen auf einem hohen therapeutisch-rehabilitativen Niveau tätigen Einrichtungen ist unausweichlich die von den Kostenträgern als Ziel vorgegebene Wiedereingliederung auf dem *ersten* Arbeitsmarkt. Entsprechend sind die unterschiedlichen Strukturen der Angebote und Einrichtungen heute in der Lage, über moderne, differenzierte arbeits- und berufsweltrelevante methodische Vorgehensweisen und theoretische Entwicklungen den individuellen Bedürfnissen und den Bedarfen des einzelnen Rehabilitanden gerecht zu werden.

Trotzdem erreichen von all den psychisch kranken Menschen, die als Ziel die Aufnahme einer Arbeit haben, nur wenige überhaupt eine Maßnahme der beruflichen Rehabilitation. In den Einrichtungen der medizinisch-beruflichen Rehabilitation, den RPKs, haben zwar von den Rehabilitanden, die die Phase der beruflichen Rehabilitation erreichen, rund 60 Prozent bei Ende der Maßnahme einen Arbeitsplatz auf dem ersten Arbeitsmarkt gefunden. Nimmt man aber die *Gesamtzahl* der *ursprünglich* in die medizinisch-berufliche Rehabilitation aufgenommenen Rehabilitanden, so sinkt der Anteil auf 25 Prozent.

Was geschieht mit den verbleibenden 75 Prozent? Wie steht es mit all den Menschen, die beispielsweise in der klinischen Arbeitstherapie, in den Tagesstätten, den Wohnheimen oder dem Betreuten Wohnen oder auch aus keiner professionellen Hilfestruktur heraus ihre individuellen Ziele in Richtung Arbeit formulieren, ohne eine reale Chance zu haben, diese zu erreichen?

Für viele der mit den Rehabilitationskonzepten angesprochenen Psychiatrie-Erfahrenen wird der Schein, sich unmittelbar in Arbeitsverhältnisse zu trainieren, zum Horizont der eigenen Selbsttäuschung, ebenso wie dies für die Mitarbeiter der Rehabilitationseinrichtungen selbst Arbeitsinhalt und Arbeitsperspektive und – nicht zuletzt – den sicheren Arbeitsplatzerhalt bedeutet.

Die Situation für psychisch kranke Menschen im Hinblick auf eine »institutionelle« Zuverdiensttätigkeit sieht ähnlich aus. Hier ist die Eingliederung in den ersten Arbeitsmarkt zwar nicht primär die Vorgabe oder das Ziel. Es geht aber sekundär trotzdem darum, denn für die in diesen Bereichen notwendige Betreuung gibt es bis heute keine Regelfinanzierung, da Voraussetzung dafür eben diese Wiedereingliederung in den ersten Arbeitsmarkt wäre. Als Folge versuchen die meisten Projekte sich mit Geldern über Modellversuche oder mit anderen kurzfristig laufenden finanziellen Mitteln zu helfen. Inhaltlich bilden diese Einrichtungen durch ihren realitätsnahen Charakter oft eine echte Alternative zur Erwerbsarbeit, wenngleich ihre Existenz meist sehr unsicher ist. Die wenigsten Einrichtungen sind in der Lage sich selbst zu tragen.

Eine andere Variante ist die Angebotsstruktur der Werkstatt für behinderte Menschen (WfbM). Die hier gesetzlich geregelte Finanzierung bietet Sicherheit, die Angebote sind meist niedrigschwellig und die Arbeitszeiten weitgehend flexibel.

Bei beiden Zuverdienst- oder Beschäftigungsmöglichkeiten lässt die damit verbundene, als Teilnahmeberechtigung notwendige, eindeutige Einordnung unter den Begriffen »Behindertsein« (bei den WfbMs) oder »psychisch krank« (bei den meisten der Modellprojekte) viele der Psychiatrie-Erfahrenen davon Abstand nehmen.

In diesem Sinne möchte sich dieses Buch gerade *nicht* auf diese institutionalisierten psychiatrischen Hilfeeinrichtungen beziehen, sondern den »freien Markt« als Ausgangspunkt für die Überlegungen nehmen, wie psychiatrieerfahrene Menschen in anderer Weise Arbeit, Beschäftigung oder Betätigung finden können.

Arbeit oder Arbeitsplatz?

Mit der oben beschriebenen Grundhaltung und der damit verbundenen Erfolgsforderung scheint sich das derzeitige Grundproblem so darzustellen, dass es als nicht konform, als nicht gewünscht gilt, die aktuelle Arbeitsmarktsituation als *strukturelles* Problem und damit als historisch gegeben anzusehen. Die Forderung »Arbeitsplätze für alle« wird in dieser Form zur Zwecklüge und zum Selbstbetrug. Aus der menschlich nahe liegenden sinn-gesteuerten Grundhaltung »Arbeit ist gut« ist längst der unreflektierte Grundsatz »Arbeitsplatz ist gut« geworden.

Worin besteht aber der Unterschied zwischen Arbeit und Arbeitsplatz?

Wenn das Bestreben der Menschen zentral auf die Erfüllung eines auf sinngebender Beschäftigung abzielenden Status ausgerichtet ist, wird es für einen angemessenen Umgang mit der Arbeitslosigkeit von Bedeutung sein zu wissen, wie Arbeit wirkt und welche Bedeutung sie für die Entwicklung von Menschen hat. Wenn wir das wissen und nutzen können, entstehen auch Möglichkeiten, sich jenseits der Erwerbstätigkeit »Arbeit« zu suchen.

Die Sozialpsychologin Marie Jahoda hat sich zeit ihres Lebens immer wieder mit dieser Fragestellung beschäftigt und Mitte der achtziger Jahre in einem Aufsatz einige Aspekte benannt, die hier eine Antwort geben können. Der erste Aspekt, den sie nennt, ist die Zeitstruktur. Mit Arbeit, so sagt sie, ist das Zeiterleben von Menschen strukturiert und vorgegeben. Das heißt: 60 Minuten werden erst dann zu einer erlebten Stunde, wenn ich sie mit einer Aufgabe fülle, die einen Sinn macht. Sinn macht Arbeit unter anderem auch deshalb, weil sie in Zusammenhang mit anderen Menschen geschieht. Nach Jahoda erweitert Arbeit deshalb den sozialen Horizont der Menschen: »Man weiß, was Kollegen tun, denken, fühlen ..., man kann nicht umhin, auch wenn man der zurückgezogenste Mensch ist, zu bemerken, dass verschiedene Menschen das Leben verschieden betrachten.«

Ein weiterer Aspekt Jahodas besagt, dass Arbeit eine tägliche Demonstration dafür ist, »dass eine kollektive Zusammenarbeit notwendig ist, um die materielle Kultur eines Industriestaates zu erhalten«. Arbeit fördert den Status und die Identität. Jahoda sagt: »Man hat es nicht immer gern, wo man steht, aber man weiß wenigstens, wo man steht.« Abschließend betont sie die Wirkung von Arbeit als grundsätzlich Aktivität fördernd.

Bei alldem spricht Marie Jahoda immer von organisierter Arbeit. Dies ist bislang übersetzt worden mit »Erwerbsarbeit«. Nun stellt sich die Frage, wie diese Aspekte, Dimensionen oder Kategorien sich in einer Arbeitswelt des 21. Jahrhundert darstellen können.

In Anbetracht der realen Situation auf dem nationalen und dem Ausblick auf den globalen Arbeitsmarkt scheint es sinnvoll zu sein, diese sozialpsychologischen Dimensionen in Bezug auf ihre Auswirkungen, Bedeutungen und Konsequenzen für das Leben der Menschen neu zu bewerten, zu überdenken. Dabei wird es um die unterschiedliche Bedeutung des Begriffs »Arbeit«, als Synonym für sinnstiftende Tätigkeit, im Unterschied zum Begriff »Arbeitsplatz«, als Synonym für Erwerbsarbeit, gehen müssen.

Wer keine Arbeit hat, macht sich welche

An dieser letzten Überlegung zur Bedeutung und (Neu-)Bewertung des Arbeitsbegriffs setzt dieses Buch an. Wem es gelingt, die freie Zeit produktiver zu nutzen und sich außerhalb der Erwerbsarbeit Aufgabenbereiche zu suchen, die Arbeiten beinhalten, die die eigene Zeit strukturieren und einen sinnhaften Charakter haben, der wird sich gegen die negativen Auswirkungen von Arbeitslosigkeit schützen und neue Perspektiven für sein Leben entwickeln können, in dem Verständnis und soziale Unterstützung möglich ist.

Diese Aussage unterstützt auch Marie Jahoda, die in dem oben zitierten Aufsatz am Ende ableitet, dass Menschen außerhalb der Erwerbsarbeit nur dann eine für sich befriedigende Lebenssituation herstellen können, wenn sie sich einen Ersatz schaffen, der durch wesentliche Inhalte der skizzierten Erlebniskategorien gefüllt ist (siehe dazu den Beitrag von Silke Dennhardt).

Es ist klar und deutlich: Für psychisch beeinträchtigte Menschen wird es immer schwerer, in die Erwerbstätigkeit zu finden. Vielleicht kommt dem Einzelnen so kaum noch in den Sinn, welche Dinge im Leben (im Sinn des Tätigseins) außer einer Berufsrolle spielen können. Von daher wird es für künftige Beschäftigungsstrategien eine grundsätzliche Voraussetzung sein müssen, eine Abkehr von dem Dogma »Nur ein (Erwerbs-)Arbeitsplatz ist ein guter Arbeitsplatz« und von dem Mythos »Arbeit für alle« vorzunehmen. Praktisch erfordert dies, auch außerhalb der traditionellen Erwerbsarbeit *Aufgaben* zu sehen und nicht im herkömmlichen Sinne berufszentriert zu denken.

Dass dies bei den meisten der Betroffenen unter weitgehenden Einschränkungen der lebensnotwendigen Grundfinanzierung stattfindet oder stattfinden muss, ist eine Tatsache, die hier nicht verschwiegen werden soll. Das Thema Existenzsicherung wird deshalb von Manfred Becker im zweiten Kapitel behandelt. Hier findet sich ein Überblick darüber, welche bestehenden Systeme der Grundfinanzierung existieren und welche damit verbundenen Zuverdienstvarianten möglich sind.

Als Konsequenz der bisherigen Ausführungen stellt sich die Frage, wie eine Sinnsuche jenseits der Erwerbsarbeit stattfinden oder gestaltet sein sollte, und natürlich auch, wie die Möglichkeiten des sonstigen Tätigseins aussehen könnten.

Im Kapitel von Silke Dennhardt steht das Thema Interessenfindung im Mittelpunkt. Sie bearbeitet die Fragestellung, wie man Interessen»forschung« betreiben kann, wie eigene und andere hilfreiche Ressourcen entdeckt werden können und wie Aktivität geplant und gestartet werden kann.

Bei den Recherchen zu diesem Buch ist es sehr schnell deutlich geworden, dass die Problemstellung, die hier auf psychiatrieerfahrene Menschen bezogen ist, in anderen Bereichen der sozialen Arbeit längst bekannt ist. So gibt es bereits diverse kleinere wie größere Projekte, die sich mit der Bewältigung von Arbeitslosigkeit beschäftigen und die man in ihrer Gesamtheit inzwischen durchaus als soziale Subkultur oder Gegenkultur (zum ersten Arbeitsmarkt) bezeichnen kann.

Dabei spielen kleine Beschäftigungsprojekte, die über einzelne Sozialarbeiter im Rahmen der Gemeinwesenarbeit aufgebaut wurden, ebenso eine Rolle wie die in Kirchengemeinden entwickelten Nachbarschaftshilfen als Mini-Jobvermittlung (drittes Kapitel). Wichtiger Bestandteil sind die sich inzwischen fast flächendeckend in unterschiedlicher Ausprägung verbreiteten Tauschbörsen.

In fast allen größeren Städten finden sich Freiwilligenzentren, über die unterschiedlichste Arbeiten und ehrenamtliche Tätigkeiten vermittelt werden (siehe den Beitrag von Doris Appel).

Dazu gehört der große Bereich der (psychiatrischen) Selbsthilfe, in dem man umfangreiche ehrenamtlich zu erfüllende Tätigkeiten finden kann, die gerade durch ihre Nähe zur eigenen Betroffenheit einen hohen sinnstiftenden Wert haben (dazu schreibt Sybille Prins).

Nicht zuletzt werden Bildung und Kultur als Arbeitsorte immer häufiger diskutiert. Diverse Kunstprojekte sind inzwischen ins Leben gerufen, Volkshochschulen werden zunehmend »zweckfrei« genutzt, Menschen sehen das »Sich-schlau-Machen« als sinnvolle Tätigkeit und nutzen sie (dazu Horst Lazarus).

Viele dieser Tätigkeitsbereiche sind auch mit geringsten Formen der Entlohnung verbunden. Bei manchen Hilfen geht es um kleine Geldsummen, in anderen um Sachleistungen. Fast alle Projekte bewegen sich diesbezüglich in einer Grauzone zwischen erlaubter Leistungsanerkennung und der so genannten »organisierten Schwarzarbeit«. Der Ratgeber gibt hier über die im zweiten Kapitel beschriebenen Informationen zu Möglichkeiten des Zuverdienstes Auskunft, was gesetzlich möglich ist.

Das Ziel des vorliegenden Bandes liegt darin, zum einen Tacheles zu reden über die Situation auf dem globalisierten Arbeitsmarkt und zum anderen die Leserinnen und Leser anzuregen, nach anderen, sinnstiftenden und erfüllenden Aufgaben zu suchen – ohne allen Stress!

Erwerbstätigkeit psychisch kranker Menschen auf einem schrumpfenden Arbeitsmarkt

Peter Weber

In den vergangenen dreißig Jahren hat sich im deutschsprachigen Raum die Struktur der medizinisch-therapeutischen Versorgung psychisch kranker Menschen erheblich verändert und die Qualität enorm verbessert. Innerhalb der damit verbundenen therapeutischen und rehabilitativen konzeptionellen Entwicklungen mit Ziel der Partizipation am gesellschaftlichen Leben nahm neben dem Wohnen und der Freizeit der Bereich der Arbeit einen gleichermaßen wichtigen Teil in den Planungen ein. In Deutschland etwa tauchte der Gedanke bereits 1975 im Sozialgesetzbuch I (SGB) auf und wurde auch in der Folge bei den verschiedenen Novellierungen weiter aufrechterhalten. Es besteht heute in Deutschland ein flächendeckendes System von Rehabilitationseinrichtungen, die von unterschiedlichen Ausgangspositionen Konzepte und Methoden anbieten, um Menschen mit psychischen Erkrankungen den Eintritt in die sozialversicherungspflichtige Arbeit (»erster Arbeitsmarkt«) zu ermöglichen.

Konfrontiert man diese Entwicklung mit den bundesdeutschen arbeitsmarktpolitischen Tendenzen jener Jahre, so zeichnet sich ein kurioses Bild der beruflichen Rehabilitation psychisch kranker wie auch körperlich beeinträchtigter Menschen ab, von dem sich die zuständigen Einrichtungen bis heute nicht haben distanzieren können: Während nämlich die Veränderungen im kapitalistischen Wirtschaftssystem immer mehr Menschen »freisetzten«, wurde im Bereich der beruflichen Rehabilitation immer vehementer gefordert, psychisch kranke Personen seien in den ersten Arbeitsmarkt zu integrieren. So findet man beispielsweise noch im Jahr 2002 in dem von der *Aktion Psychisch Kranke* herausgegebenen Band *Teilhabe am Arbeitsleben: Arbeit und Beschäftigung für Menschen mit psychischen Beeinträchtigungen* den Satz: »Ziel bleibt die Integration in den ersten Arbeitsmarkt« (S. 43).

In dieser Gegenläufigkeit der Entwicklung unseres Wirtschaftssystems einerseits und jener der beruflichen Rehabilitation psychisch Kranker andererseits müssen sich viele der betroffenen Menschen zurechtfinden. Anerkennenswert ist es selbstverständlich, auch für psychisch stark beeinträchtigte Menschen eine »vollwertige« Integration in die Gesellschaft zu fordern. Dazu gehört ganz ohne Frage das Tätigsein in dieser Gesellschaft und die daraus resultierende soziale Anerkennung der von diesen Menschen erbrachten Leistungen. Was allerdings in Frage steht, ist, ob die Fixierung auf ein Bild vom »ersten« Arbeitsmarkt mit »Normalarbeitsverhältnissen«, das historisch getrost als veraltet bezeichnet werden darf, ob eine solche Fixierung nicht eher als ein Handicap bezeichnet werden muss, das die nötige Kreativität auf der Suche nach »Arbeit« blockiert statt fördert.

Bevor wir uns in diesem Buch diesen anderen Formen sinnvoller Tätigkeiten widmen, möchte ich zunächst die jüngsten und auch die künftig zu erwartenden Veränderungen des Arbeitsmarktes betrachten. Dieser Blick auf unser heutiges »Wirtschaften« und Arbeiten scheint nämlich auf ganz andere Erfordernisse hinzuweisen als auf jene, für die die Bedingungen von Vollbeschäftigung, »Normalarbeitsplätzen« und einer absoluten Dominanz des Berufs über alle anderen Bereiche des täglichen Lebens galten.

Veränderungen des Arbeitsmarktes

Das viel diskutierte Stichwort der Globalisierung einmal außer Acht lassend, wird die heutige Arbeitswelt gravierend durch die Konzepte »Digitalisierung« und »Flexibilisierung« umstrukturiert. Die Digitalisierung und die damit verbundene Computerisierung führen dazu, dass heute selbst in Produktionsbereichen, in denen früher einmal viele handwerkliche (also manuelle) Tätigkeiten und das entsprechende Know-how nötig waren, diese Arbeiten von Maschinen ausgeführt werden, die »lediglich« zu programmieren sind. Auch weiterhin werden viele Arbeiten »computerisiert«. Ökonomen jedenfalls gehen davon aus, dass wir noch längst nicht mit einem Ende dieser technologischen Entwicklung zu rechnen haben.

Zwar können die Menschen noch nicht »beamen«, also Materielles für einen Ortstransfer immaterialisieren, um es dann wieder woanders zu materialisieren, da aber zunehmend mehr »Produkte« aus immateriellen »Gütern« bestehen (Daten, Programme, »Wissen«), entziehen sich viele Arbeiten längst einem sinnlichen und handwerklich-manuellen Zugang.

Die Flexibilisierung, ein zweites bedeutendes Stichwort, resultiert nicht zuerst aus technologischen Neuerungen, sondern aus neuen wirtschaftlichen Konzepten des Marketings. Zwar galt es im Kapitalismus schon immer, dass schnelles Reagieren auf eine neue Marktsituation einen Vorteil gegenüber den Konkurrenten bedeutete (entsprechend »belebte« Konkurrenz das Geschäft), aber diese Wirtschaftshaltung bekam durch die Ideologie der Flexibilität eine neue Dimension. Und diese neue Haltung hat Auswirkungen in ausnahmslos jedem Bereich der Arbeitswelt. Heute gilt selbst in Verwaltungen die »Kundenorientierung«, und schon sie bedeutet Flexibilisierung. Jeder Arbeitsablauf wird weniger am eigenen, »inhärenten« Prozess gemessen, sondern daran, ob er im Sinne des Marketings den Bedürfnissen der Kunden entspricht. So werden Arbeitsabläufe »optimiert«.

War dieser Gedanke erst einmal geboren, entfaltete er schnell seine Eigendynamik, denn niemand will »beim Kunden« Nachteile haben. Jetzt begann die Konkurrenz um möglichst große Flexibilität. Viele Arbeitsabläufe werden dadurch komplexer und die Anforderungen immer rasanter.

Wer über diese Entwicklung gerne mal den Kopf schüttelt, der möge sich die Frage stellen, ob nicht auch er als Kunde fortwährend Flexibilität fordert. Hat die Bahn eine Panne und reagiert die Schaffnerin, nachdem sie auf dem Weg durch drei Waggons bereits allerlei Unverschämtheiten hat einstecken müssen, beim nächsten Kunden etwas ungehalten, dann bekommt sie schnell auch noch zu hören: »Na, das nenne ich ja Kundenorientierung bei der Bahn.« Oder: Bestellen wir ein Produkt bei einem Versandhandel per Internet, gehen wir selbstverständlich davon aus, dass es uns der Paketzusteller nach zwei Tagen liefert. Ebenso setzen inzwischen fast alle Menschen voraus, dass Einzelhandelsgeschäfte nicht mehr um 18 Uhr schließen, dass wir Schuhe nach zwei Tagen aus der Reparatur abholen können und, und, und. Alles das sind Ergebnisse der Forderung nach Flexibilität. Wir müssen uns also klar machen, dass wir als Kunden sehr oft genau das fordern, worunter wir als Arbeitnehmer leiden.

Dieser Widerspruch zum Thema Flexibilität, man könnte hier auch von »Doppelmoral« sprechen, wird auch in der Arbeitsrealität der sozialen Berufe deutlich. So führen einerseits neu eingeführte Qualitätsmanagementsysteme oder neue Personalmanagementstrategien zu inhaltlichen und strukturellen Veränderungen am eigenen Arbeitsplatz, auf die nicht selten von den Rehabilitationsarbeitern sofort mit Protest reagiert wird. Andererseits beinhalten die sich aus diesen Veränderungen ergebenden Arbeitsanforderungen genau jene Schwerpunkte, die sich auch in den konzeptionellen und praktischen Planungen des Arbeitstrainings für die individuellen Rehabilitationsprozesse der Zielgruppe eben dieser Rehabilitationsarbeiter wiederfindet.

Was Flexibilität bedeutet, das wissen heute Lastwagenfahrer genauso wie Freiberufler aus künstlerischen Bereichen: Die Arbeit soll getan werden, wenn sie anfällt, und zwar dann schnell, »just in time«.

Dieser sich in vollem Gange befindende Wandel der Arbeitswelt lässt keinen Bereich unberührt. Die Computergestütztheit vieler Arbeiten und ihre Flexibilisierung fordern von den Erwerbstätigen neue Qualitäten ab. Hinzu kommt die Internationalisierung der Wirtschaftswelt: Konzerne arbeiten und verflechten sich international, viele Produktionsbereiche sind kaum noch standortgebunden und auch der Handel wird immer stärker grenzüberschreitend.

Entsprechend all dieser Veränderungen nennen Wirtschaftsunternehmen und -verbände heute folgende Schlüsselqualifikationen als für zukünftig Erwerbstätige für unerlässlich (GARTZ 1999):

1. Intellektuell-kognitive Qualifikationen:
- logisch-analytisches Denken und Denken in Zusammenhängen
- Flexibilität
- Mobilität
- Problemlösungskompetenz
- Kreativität

2. Soziale Qualifikationen:
- Teamarbeit
- Rücksichtnahme
- Durchsetzungsvermögen
- Kommunikationsfähigkeit

3. Persönlichkeitsmerkmale:
- Frustrations- und Ambiguitätskompetenz
- Lernwille
- Selbstständigkeit

4. Arbeitstugenden:

- Sorgfalt
- Genauigkeit
- Ausdauer

Werden ausbildende Betriebe danach befragt, welche Eigenschaften sie von Schulabgängern erwarten, die sich um Lehrstellen bewerben, dann werden folgende Punkte von über 90 Prozent genannt: Leistungsbereitschaft, positive Einstellung zur Arbeit, Zuverlässigkeit, Verantwortungsbewusstsein, Konzentrationsfähigkeit, Teamfähigkeit, logisches Denken, Initiative, selbstständiges Lernen, Zielstrebigkeit, Beständigkeit, Belastbarkeit, planvolles Arbeiten und kommunikatives Verhalten.

Schon seit geraumer Zeit hält jener Trend an, dass die niedrigen Bildungsabschlüsse immer weniger zum Einstieg in einen Beruf qualifizieren. Das wird weiterhin so bleiben: Längst sind auch Realschüler – von den Hauptschülern ganz zu schweigen – mit schwächeren Zeugnissen in berufsvorbereitenden Klassen zu finden, wo sie die schwachen Schulleistungen durch zusätzliche berufliche Grundkenntnisse auszugleichen versuchen, um für Arbeitgeber interessanter zu werden.

In den kommenden Jahrzehnten wird der Anteil der Akademiker in der Berufswelt weiter steigen und nicht etwa der der einfachen Tätigkeiten, auch das zeigen Befragungen der Wirtschaft eindeutig. So sehr in Deutschland und anderen westeuropäischen Ländern vermutet wird, dass es durch eine Flexibilisierung arbeitsrechtlicher und tariflicher Bestimmungen eine Reserve an Arbeitsplätzen im so genannten Niedriglohn-Sektor gibt, so darf das nicht darüber hinwegtäuschen, dass dieser Bereich enge Grenzen haben wird, da gerade diese Arbeiten weiterhin wegrationalisiert werden.

In den siebziger und achtziger Jahren wurde versucht durch Verkürzungen der Wochenarbeitszeit die Menschen in Arbeit zu halten. Unabhängig von der Einschätzung, ob das nun gelungen ist oder nicht, muss man heute sagen, dass dieser Versuch jedenfalls nie ausgereicht hat, fortschreitende Arbeitslosigkeit aufzuhalten. Im Wesentlichen hatte das zwei Gründe: Zum einen wurden die Arbeitsabläufe – *technologisch* bedingt – so schnell effektiviert und rationalisiert, dass tendenziell immer weniger Menschen notwendig wurden, um unseren Reichtum zu produzieren. Zum anderen spielt ein *kultureller* Wandel in den gesamten europäischen Ländern eine enorme Rolle. Familien bestehen heute nicht mehr aus einem Oberhaupt, das arbeiten geht und den Unterhalt sichert, und einer Hausfrau, die den Haushalt organisiert und die Kinder versorgt. Mit der zunehmenden Individualisierung und der Gleichberechtigung der Frauen gegenüber den Männern waren es nach und nach Millionen von Frauen, die zunächst Berufe erlernten, dann auch (trotz Kinder) im Beruf blieben und schließlich eigene Karriereerwartungen hegten. Hier ist seit den fünfziger und sechziger Jahren ein gravierender kultureller Wandel eingetreten. Jeder Erwachsene will heute eine weitgehende (wirtschaftliche, berufliche) Unabhängigkeit wahren, und das funktioniert meist nur über Erwerbstätigkeit. Mit dieser riesigen Nachfrage nach Arbeit hat der Arbeitsmarkt nie mithalten können.

Während also einerseits bestimmte Arbeitsergebnisse mit immer weniger Menschen realisiert werden konnten, bekam die Erwerbstätigkeit kulturell und sozial eine immer größere Bedeutung – einst schrieb ein Autor, dass Erwerbstätigkeit heute geradezu eine religiöse Dimension besitze, so sehr glaubten wir an unser Heil durch Arbeit. Aus dieser Haltung zur Arbeit und zum Arbeitsmarkt resultierte, dass die Formel Wirtschaftswachstum = Vollbeschäftigung immer aufrechterhalten blieb, obwohl es dafür spätestens ab Anfang der achtziger Jahre keine Indizien mehr gab. Im Gegenteil: Ökonomen wissen längst, dass erst ab einem Wachstum von etwa 2,5 Prozent neue Arbeitsplätze entstehen, doch schon dieser Prozentsatz ist heute kaum noch zu erreichen. Was für eine Quote wäre erst nötig, um etwa in Deutschland rund 6 Millionen Menschen wieder in Arbeit zu bringen? Die genannte Formel können wir also getrost ins Reich der Märchen und Mythen verbannen. Wir dürfen heute davon ausgehen, dass unter den herrschenden wirtschaftlichen wie kulturellen Bedingungen eine Vollbeschäftigung im alten Sinn nicht mehr zu erreichen sein wird.

Ins Reich der Märchen und Mythen gehören übrigens auch jene Äußerungen, die so tun, als müssten wir Menschen nur mehr »konsumieren«, um die Wirtschaft wieder anzukurbeln. Naiv gefragt: Was soll denn noch alles konsumiert werden in einer reichen Luxusgesellschaft, in der längst sogar schon Haushaltsgeräte nach den neuesten Moden und Designs immer wieder neu angeschafft werden und in der ein erhebliches Kapital in unsinnigem Nippes investiert wird? Eine reiche Gesellschaft ist nun einmal »satt«. Akademischer ausgedrückt: Schon der Ökonom Keynes beschrieb in den vierziger Jahren, dass in reichen Gesellschaften eine Konsumsättigung eintreten wird, die die Individuen zu einer Vorsorgehaltung führt, was nichts anderes als »Sparen« bedeutet. Wer schon alles hat, kümmert sich darum, diesen Reichtum auch langfristig zu erhalten. Er konsumiert also weniger und spart stattdessen »für schlechte Zeiten« – eine völlig rationale Entscheidung jedes Einzelnen!

Viele Menschen erschreckt dieser Blick auf den Arbeitsmarkt. Aber warum eigentlich? Würde nicht ein Wirtschaftssystem, das mit wenigen Arbeitskräften den Reichtum sichert, beinahe so etwas wie ein Paradies sein? In der griechischen und römischen Antike jedenfalls war Arbeit etwas für Sklaven. Erst das Christentum und mit ihm das kapitalistische Denken sorgten dafür, dass abgewertet wurde, wer *nicht* arbeitete. Wir könnten heute auch ohne Sklaven ein reiches Land sein, das alle Mitglieder gut versorgt. Sogar weltweit könnte das gelingen. Auf der Jahrestagung des Wirtschafts- und Sozialrats der Vereinten Nationen (Ecosoc) im Juli 1999 wartete UN-Generalsekretär Kofi Annan mit interessanten Zahlenverhältnissen auf: Lediglich 40 Milliarden US-Dollar jährlich, so meinte er, seien notwendig, um den Bevölkerungen in den Dritte-Welt-Ländern nicht nur das Überleben zu sichern, sondern etwa auch allen Kindern den Grundschulbesuch zu ermöglichen. Das sei weniger, als die Europäer für Zigaretten ausgeben würden und entspräche nur einem Drittel der Militärausgaben der Entwicklungsländer.

Vielleicht ist also alles nur eine Frage der Verteilung.

So plädieren manche Wirtschaftswissenschaftler dafür, dass der Reichtum gleichmäßiger verteilt werden müsste, um den Konsum anzukurbeln. Für diese Position gibt es einige deutliche Indizien, und zwar sowohl international wie national:

»In den letzten drei Jahrzehnten hat sich der Einkommensunterschied zwischen den reichsten und den ärmsten 20 Prozent der Weltbevölkerung von 30:1 auf 78:1 mehr als verdoppelt. In den weniger entwickelten Regionen weisen nicht weniger als 89 Staaten heute ein niedrigeres Pro-Kopf-Einkommen als vor zehn Jahren auf. 19 dieser Staaten, darunter Haiti, Liberia, Ruanda, der Sudan und Venezuela, sind heute ärmer als 1960.« Oder: »Das Vermögen der 358 reichsten Menschen der Welt, allesamt Dollar-Milliardäre, übersteigt das Jahreseinkommen der ärmsten 45 Prozent der Weltbevölkerung, das heißt von 2,6 Milliarden Menschen.« Für Deutschland hat der erste Armuts- und Reichtumsbericht der Bundesregierung im Jahr 2001 Zahlen präsentiert. Daraus geht hervor, dass das reichste Fünftel der westdeutschen Haushalte immerhin über 63 Prozent des gesamten Nettohaushaltsvermögens verfügt, das waren rund 800.000 DM (also rund 400.000 Euro). Das ärmste Fünftel hingegen weist im

Durchschnitt 0,3 Prozent Nettoschulden auf, das waren etwa 4.000 DM (2.000 Euro).

Nehmen wir einmal folgendes Zukunftsmodell an:

Das, was man früher einmal Erwerbstätigkeit nannte, wird inzwischen nur noch von rund 50 Prozent der Erwerbsfähigen in Voll- oder Teilzeitverhältnissen in Betrieben erledigt. Die andere Hälfte arbeitet frei, d.h., die Freiberufler schweben wie Satelliten um verschiedene Unternehmen herum und arbeiten diesen zu. Viele Aufgaben allerdings, die in einer Gesellschaft anfallen, sind nicht über »Märkte« organisierbar, weil sie strengen kapitalistischen Rechnungen nicht genügen würden. Gleichwohl: Sie müssen für das Funktionieren einer Gesellschaft geregelt werden. Diese Arbeiten werden nun von all den anderen Menschen erledigt, von jenen also, die aus welchen Gründen auch immer nicht mehr zu den Erwerbs»fähigen« zählen. Besonders sind es nun viele soziale Tätigkeiten, die in Form von Zuverdienst, Ehrenamt oder schlicht als Hobby erledigt werden. Diese Menschen sind finanziell durch eine Art Grundrente abgesichert, allerdings mit der Auflage, im Rahmen ihrer Möglichkeiten der Gesellschaft Dienste zu erweisen, sozusagen als Dank dafür, mit abgesichert zu werden durch jenen Reichtum, den das Wirtschaftssystem insgesamt erzeugt.

In dieser Gesellschaft nun könnten viele Dinge angeboten werden, nicht etwa weil sie Profit abwerfen, sondern weil genügend Menschen Zeit und Lust dazu haben, sie zu übernehmen. In Sportvereinen wird nachmittags für alle Kinder und Jugendlichen Hausaufgabenbetreuung angeboten, bevor es dann auf den Sportplatz oder ins Schwimmbecken geht. Alte Menschen im Rollstuhl kommen jeden Nachmittag für zwei Stunden an die frische Luft. Psychisch stark Beeinträchtigte werden zu Ämtern oder Diensten von einem Nachbarn begleitet. In ländlichen Gebieten fahren die öffentlichen Busse nachmittags öfter als früher, weil ehemalige Busfahrer zusätzliche Fahrten übernehmen.

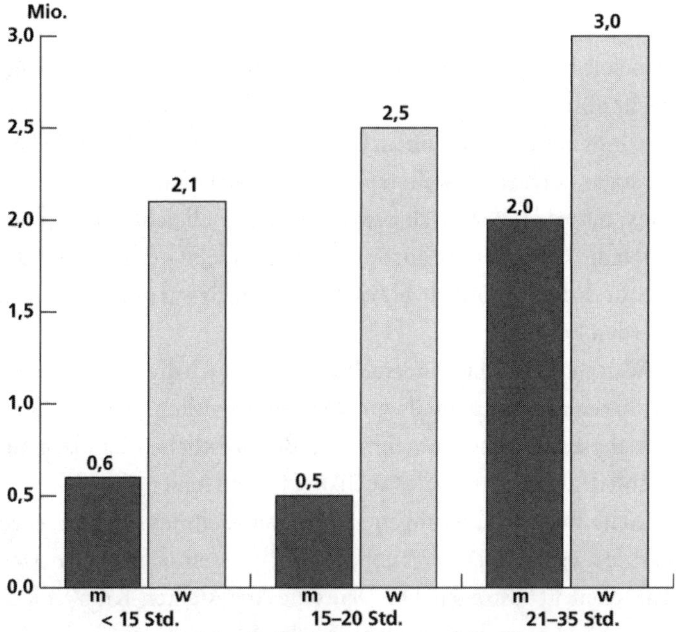

Abb. 1: Geleistete Wochenarbeitszeit unterhalb der Vollzeitbeschäftigung 2003. Quelle: Statistisches Bundesamt Deutschland

Und selbst die Bauern bekommen bei der Pflege und Ernte die Unterstützung von Freiwilligen, um ökologisch angebaute Produkte erschwinglich zu halten.

Sind auch das Vorstellungen aus der Welt der Märchen und Mythen? Vielleicht, aber so manches wäre erreichbar, wenn wir umstellen würden von einem »Gegeneinander«, bei dem nur mein Vorteil zählt, zu der Einsicht, dass wir alle voneinander abhängig sind und dass wir miteinander so einiges mehr erreichen könnten, als wenn das Gegeneinander von Markt, Macht und Moneten all jenes verhindert, das mit einem bisschen guten Willen durchaus erreichbar wäre.

Wie auch immer, die Arbeitswelt verändert sich und wir sehen seit inzwischen mehr als zwei Jahrzehnten, dass es nichts mehr nützt, einer historisch überholten Vorstellung des Arbeitsmarktes hinterherzurennen. Und vielleicht ließe sich der Gedanke sogar noch etwas weiterspinnen: Die Arbeitswelt ist so komplex, rasant und hektisch geworden, dass vielleicht wirklich nur noch die psychisch Robustesten, die geradezu perfekt Gebildeten und die persönlich Flexibelsten den Erwartungen gerecht werden können.

Wissenschaftliche Untersuchungen wie auch die Statistiken der Krankenkassen jedenfalls sprechen eine deutliche Sprache: Psychische Erkrankungen nehmen in den westlichen Ländern allmählich zu. Zwar mag das auch den Grund haben, dass wir psychische Beeinträchtigungen anders wahrnehmen als Menschen dies etwa vor 100 Jahren taten, dennoch lassen sich einige harten Fakten nicht bestreiten: Die Deutsche Angestellten-Krankenkasse (DAK) beobachtet seit Jahren sehr differenziert jene psychischen Erkrankungen, die zu Arbeitsunfähigkeitsmeldungen führten. Dabei ergab sich, dass zwischen 1997 und 2001 die Arbeitsunfähigkeiten auf Grund psychischer Störungen um über 50 Prozent zunahmen und insgesamt 7,9 Prozent aller Krankschreibungen darstellten (bei Frauen sogar 9,7 Prozent). Die Störungen betrafen vorrangig die affektiven Störungen mit Depressionen, dann neurotische, Belastungs- und somatoforme Störungen (Ängste, Zwänge, unspezifische Schmerzen) sowie psychische und Verhaltensstörungen durch psychotrope Substanzen (insbesondere Alkohol, aber auch Medikamente). Hoher Stress spielt genauso eine Rolle wie Mobbing am Arbeitsplatz.

Es ist also vielleicht so oder so historisch an der Zeit, diejenigen, die den Erwartungen der Wirtschaftswelt nicht mehr entsprechen können, andere soziale und gesellschaftliche Aufgaben zuzuweisen. So könnten wir sogar zu einem neuen Gleichgewicht zurückfinden, in dem nicht alles unter dem Schlussstrich einer Rendite-Rechnung profitabel sein muss, insbesondere jenes nicht, in dem es nicht um Geld, sondern um die Kultur des menschlichen Miteinander geht. Ohnehin handelt es sich dabei um Bereiche, in denen der heutige »Turbokapitalismus« mehr kaputtzumachen scheint, als er ermöglicht.

Das System der beruflichen Rehabilitation psychisch kranker Menschen

In Deutschland sind gegenwärtig rund 400.000 bis 500.000 Menschen im erwerbsfähigen Alter psychisch schwer erkrankt. Nur rund 10 Prozent von ihnen sind auf dem allgemeinen Arbeitsmarkt integriert, und zwar inklusive der 9.000 in den so genannten Integrationsprojekten, jene Firmen also, die zwar auf dem ersten Arbeitsmarkt tätig sind, aber zu rund 50 Prozent mit psychisch beeinträchtigten und körperlich behinderten Menschen arbeiten. Die Hälfte der »chronisch« psychisch Kranken erhält hingegen gar kein Arbeits- bzw. Beschäftigungsangebot.

Auch die Rehabilitationseinrichtungen haben berufliche Integration als Ziel, wollen die Rehabilitanden also in den ersten Arbeitsmarkt vermitteln. Dies gelingt allerdings in der Regel – geht man vom Ziel des sozialversicherungspflichtigen Arbeitsplatzes aus – nur bei 25 Prozent, maximal vielleicht 30 Prozent der Rehabilitanden.

Es soll hier ganz und gar nicht die Bedeutung und Notwendigkeit all der Einrichtungen zur beruflichen Rehabilitation in Frage stehen. Für viele Menschen mit einer einmaligen psychischen Erkrankung ist eine berufliche Rehabilitation unbedingt sinnvoll, vielleicht um daraus eben nicht ein langfristiges Handicap werden zu lassen oder um zu erkennen, dass man eine andere Haltung zum Leistungsdenken im beruflichen Kontext entwickeln muss. Trotzdem sollte die Zielsetzung der Integration in den Arbeitsmarkt im System der beruflichen Rehabilitation nicht verabsolutiert werden. Es kann nicht darum gehen,

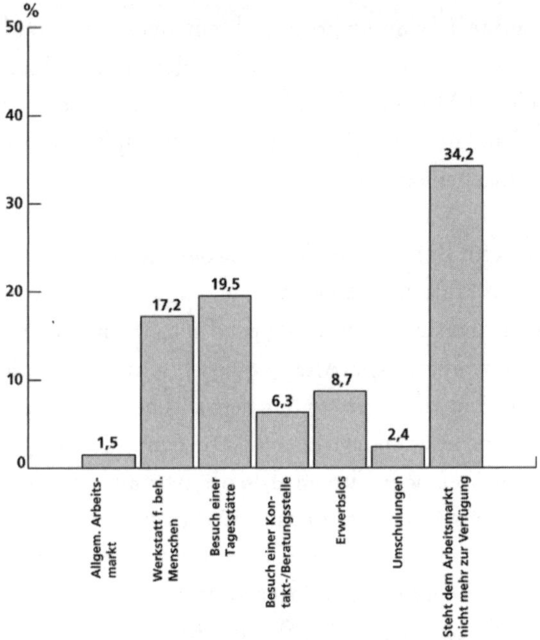

Abb. 2: Arbeit und Beschäftigung der Menschen mit seelischer Behinderung (Kronenberger/Carstens 2002)

jeden und jede unter allen Umständen zurück in den (ersten) Arbeitsmarkt zu bringen. Hiervon Abstand zu finden ist deshalb nicht ganz leicht, weil die Rehabilitationseinrichtungen nur diese Vermittlung als »Erfolg« für sich verbuchen können und die Leistungsträger auch nach genau dieser Erfolgsquote fragen. Aber blockiert diese Haltung nicht sehr viel Kreativität? Ein Beispiel:

> Manfred N. absolviert gerade seine letzte Praxisphase einer einjährigen beruflichen Reha-Maßnahme. Er ist schwer psychotisch erkrankt, medikamentös hoch dosiert und als Mensch eher angepasst und unsicher. In dem Betrieb, in dem er gerade das Praktikum leistet, ist er oft mit Arbeiten am PC, insbesondere mit

der Datenbank beschäftigt. Am letzten Vormittag soll er nun Korrekturen in der Kunden-Datenbank eingeben. Ausgedruckt handelt es sich um dreieinhalb Seiten an Datensätzen. Er bekommt die vier Blätter gegen 11 Uhr. Als der Mitarbeiter kurz vor der gemeinsamen Mittagspause um 12.30 Uhr in den Raum kommt und fragt, ob Manfred N. fertig sei mit der Aufgabe, antwortet dieser: »Nein, leider noch nicht ganz. Ich bin heute etwas unkonzentriert.« Der Mitarbeiter sieht, dass Manfred N. erst rund drei Viertel der Datensätze auf der ersten Seite abgehakt hat.

Am Nachmittag findet eine kleine Verabschiedung statt und Manfred N. übergibt den Rest des Arbeitsauftrags wieder an den Mitarbeiter. Bei Kaffee und Kuchen erklärt Manfred N. dann, er fühle sich nach diesem Jahr eigentlich recht fit, er habe viel gelernt, nur vor einem habe er Angst, nämlich vor der »Ellenbogenmentalität« in den Betrieben. Wie er damit umgehen solle, das beschäftige ihn Tag für Tag. Auch bei den Gesprächen in der Reha-Einrichtung gehe es oft darum, wie er sich in Arbeitszusammenhängen behaupten könne.

In einem gewissen Sinn sind die Gedanken und Befürchtungen von Manfred N. unnütz: Mit hoher Wahrscheinlichkeit wird er nie einen Arbeitsplatz einnehmen, an dem er nicht nur hohe Leistung bringen, sondern auch noch mit Kollegen konkurrieren muss. Manfred N. wird vermutlich immer Arbeiten ausführen müssen, für die er klare Weisungen erhält und die einfachster Natur sind. Selbst wenn er einmal ein Auswahlverfahren als Bester bestehen und daraufhin eingestellt würde, würde er vermutlich nach spätestens einem halben Jahr auf Grund der hohen Anforderungen »einbrechen« – im Hilfesystem hieße das dann »Rückfall«. Gleichwohl trägt die Angst vor der »Ellenbogenmentalität« erheblich zu seiner Verunsicherung bei. Auch die Mitarbeiter der Reha-Einrichtung sehen es als ihre Aufgabe an, Manfred N. für diese Situation auf dem ersten Arbeitsmarkt zu wappnen. Die Gedanken kreisen also um ein Problem, dessen Eintreten doch eher unwahrscheinlich ist.

Nun wäre aber zu fragen, ob Manfred N. nicht zu einem viel befriedigteren (und entspannteren) Lebensalltag finden würde, wenn er die harten Bedingungen, die heute in der Arbeitswelt gelten, gar nicht mehr voraussetzte und mit einem völlig anderen Blick auf sein mögliches Tätigsein sehen würde.

Manfred N. findet einen Zuverdienst

Manfred N. ist von Beruf Gärtner und Landschaftsbauer. Da er Abitur hat, studierte er nach der Ausbildung Landschaftsarchitektur, wobei er kurz vor dem Vordiplom erstmals eine psychotische Episode erlebte und schließlich das Studium abbrach. In Leistungs- und Belastungssituationen ist er seither immer wieder psychotisch geworden; seine Krankheit gilt inzwischen als chronifiziert.

Nehmen wir an, Manfred N. würde sich endgültig von der Vorstellung lösen, wieder einen Platz auf dem ersten Arbeitsmarkt zu bekommen: Welche Möglichkeiten gibt es für ihn?

Manfred N. hat in zwei Geschäften und dem Gemeindezentrum der Kirche Aushänge gemacht, dass er günstig Gartenarbeiten übernimmt. Zwar nicht oft, aber doch hin und wieder ruft jemand an, der ihn für einen Nachmittag zum Rasenmähen, Rosenschneiden o.Ä. hinzuholt. Einige der Kontakte festigen sich schließlich, sodass Manfred N. inzwischen drei, vier feste Kunden hat, die ihn regelmäßig anrufen. Sein Zuverdienst liegt im Rahmen dessen, was er zusätzlich zu seiner Rente verdienen darf.

Und: Wieder mit all seinen alten Kompetenzen gefragt zu sein, das tut ihm sichtlich gut. Keine Frage auch, das zusätzliche Geld kann er gut gebrauchen.

Manfred N. bildet sich

Seine Bildungsansprüche will Manfred N. nicht aufgeben. Nach und nach wird ihm allerdings klar, dass Bildung nicht ausschließlich mit einem »Um zu ...« zu tun haben muss. Er will zukünftig Bildung eher als Selbstzweck betrachten. So beschäftigt er sich am Abend mit der Kunst des Gartenanlegens, mit der Geschichte von Gärten, mit Schlossparks, mit den unterschiedlichen Philosophien der Gartenbauer etc. An der VHS besucht er Seminare und Vorträge zur Kunstgeschichte und verbindet das neu Gelernte mit historischen Ideen der Gartenkunst.

Angeregt durch einen Vortrag über die Gartenbaukunst in J. W. v. Goethes *Die Wahlverwandtschaften* stöbert Manfred N. auch verstärkt nach Gartendarstellungen in Romanen. Seine Familie und seine Freunde sind irgendwann ganz überrascht, wie viel Manfred N. über all diese Dinge weiß, und lauschen ihm mit großen Ohren, als er berichtet, dass die so genannten englischen Gärten eine Gegenbewegung zu den »französischen« Gärten darstellten und welche verschiedenen »Philosophien« dahintersteckten.

Manfred N. übernimmt ein Ehrenamt

Nach langen Jahren tritt Manfred N. auch wieder einem Sportverein bei. Fußball spielen wie als Junge will er zwar nicht mehr, aber er schwimmt auch gerne. Er tritt einem Verein bei, der auch ein Wellness- und Fitnesscenter betreibt. Hier werden Körper- und Gesundheitskurse angeboten.

Als jemand gesucht wird, der die Mitgliederverwaltung in der EDV aktualisieren kann, meldet sich Manfred N. und sagt, er habe solche Programme einmal gelernt und könne sich sicher wieder einarbeiten. Alle sind einverstanden, auf der Mitgliederversammlung wird er gewählt und so pflegt er zukünftig die Mitgliederdatei. Per Internet werden viermal pro Jahr Rundbriefe verschickt, auch das bereitet Manfred N. schließlich vor. Die

Verantwortung für die gesamte Verschickung will er aber nicht übernehmen, er befürchtet eine Überforderung und zu große Stressgefühle, zumal er allein für die Pflege der Mitgliederdatei immer viel Zeit einplanen muss, denn die Konzentration macht ihm immer noch recht große Probleme.
Irgendwann erfährt er ganz nebenbei, dass die Mitglieder des Vereins ihn den »Datenbeauftragten« nennen. Ihn amüsiert das.

Manfred N. übernimmt Freiwilligendienste

Eine psychotherapeutische Praxis ist auf die Idee gekommen, in den von ihnen angebotenen Depressionsgruppen die Anregung zu geben, sich einmal wöchentlich zusätzlich in einem Fitnesscenter zu verabreden. Als die Anfrage beim Verein eingeht, kommt jemand auf die Idee, Manfred N. zu fragen, ob er nicht Lust hätte, diese Gruppe wenn auch nicht »fachlich« anzuleiten, so doch bei den wöchentlichen Treffen als Ansprechpartner zu begleiten. Zuerst weiß er nicht, ob ihm das nicht zu viel wird, aber er stimmt schließlich doch für die erste Phase zu. Je vertrauter er mit den Teilnehmern der Gruppe wird, desto häufiger ergeben sich nach den Übungen Gespräche, die dann im Bistro fortgesetzt werden. So erzählt er auch, wie er sein Leben inzwischen zusammengepuzzelt hat und dass er keinen Job auf dem so genannten ersten Arbeitsmarkt mehr braucht, um das Gefühl zu haben, ein sinnvolles und ausgefülltes Leben zu führen.
Nach einiger Zeit trifft er sich mit zwei Personen aus der Depressionsgruppe auch privat.

Mehr Kreativität und politischer Mut

Nach allem, was Ökonomen über die weitere Entwicklung unseres Wirtschaftssystems schreiben, müssen wir davon ausgehen, dass es zukünftig eher noch effektiver, noch rationeller und noch rasanter zugehen wird als jetzt schon. Die gegenwärtig 36,5 Millionen Erwerbstätigen werden bis 2030 vermutlich auf knapp

34 Millionen zurückgehen. Dabei geht uns keinesfalls die Arbeit aus, viele Aufgaben allerdings werden zeitsparender erledigt. Hinzu kommt, dass wohl ein Niedriglohnsegment entstehen dürfte, in dem einfache Tätigkeiten mit unterer Bezahlung angeboten werden. Vielfach wird es dabei nicht um Vollzeitstellen gehen, sondern um Aushilfsarbeiten. Dies macht schon deutlich, dass es bald keinen Sinn mehr machen wird, von »Normalarbeitsplätzen« zu sprechen, denn welche sind das dann noch?

Zu erwarten ist außerdem, dass wir eine Reihe von Tätigkeiten nicht mehr über kapitalistisch-rentable »Märkte« abgedeckt bekommen, dass also eine Fülle von Arbeiten, insbesondere in sozialen Feldern, von Freiwilligen ausgeführt werden.

Das alles kann man nun für ein Übel halten, es bleibt aber die Frage, ob es nicht sinnvoller ist, sich der wandelnden Realität angemessener anzupassen, als einem alten Ideal hinterherzurennen, das letztlich, seien wir ehrlich, nur in einer recht kurzen historischen Phase, nämlich von etwa 1950 bis 1975, funktioniert hat, und dies ja auch noch eher »auf Pump«: verschuldete Betriebe und Konzerne, verschuldete Städte und Gemeinden, verschuldete Staaten. Eines wird jedenfalls immer deutlicher: Unsere sozialen Sicherungssysteme sind so nicht länger tragbar, sie müssen gründlich umgebaut werden.

Natürlich ist es notwendig, dass dieser gesellschaftliche Umbau fair verläuft und dass in so reichen Ländern wie den westeuropäischen keine neue Armut entstehen darf. Ressourcen sind genügend vorhanden. Und da wir unseren Reichtum ohnehin mit immer effektiveren Arbeitsmethoden erreichen, ist es da wirklich noch sinnvoll, ausgerechnet all jene Menschen auf einen (ersten) Arbeitsmarkt zu verpflichten, die den dortigen Bedingungen am wenigsten standhalten können? Es gibt so viele notwendige und befriedigende Tätigkeiten, die ebenfalls »erledigt« werden müssen, dass etwas mehr Kreativität und auch politischer Mut viel Positives bewirken könnten.

Für viele Rehabilitationseinrichtungen würde ein solcher Perspektivenwechsel bedeuten, nach ganz anderen Wegen suchen zu müssen, als sie bisher mit der Fixierung auf »Erwerbsarbeit« beschritten wurden. Notwendig wäre für eine solche Arbeit in Integrationsdiensten, Tagesstätten und Trainingszentren, alle kommunalen Formen sinnvollen Tätigseins aufzuspüren und psychisch wie körperlich beeinträchtigte Menschen in diese Strukturen zu vermitteln.

Eines muss aber klar sein und hier soll nichts beschönigt werden: Jeder Mensch braucht zunächst eine Absicherung seiner Existenz. Welche Möglichkeiten für psychisch stark beeinträchtigte Menschen bestehen, das wird im folgenden Beitrag von Manfred Becker aufgezeigt, bevor wir uns dann all jenen Möglichkeiten des sinnvollen Tätigseins widmen, wie sie im Beispiel von Manfred N. schon angedeutet wurden.

Leitfragen zum folgenden Kapitel

Haben Sie sich bei gesetzlichen Neuerungen, die Ihre finanzielle Existenzgrundlage betreffen, alles gründlich erklären lassen? Fragen Sie nach, wenn Ihnen etwas nicht einleuchtet!

Sind Sie wirklich sicher, dass Sie alle Leistungen beziehen, die Ihnen legitim zustehen?

Gibt es bei Ihrer Einkommensgrundlage Zuverdienstmöglichkeiten? Wie viel dürfen Sie hinzuverdienen?

Gibt es Möglichkeiten, statt Geld andere Zuwendungen wie beispielsweise Sachleistungen (etwa der freien Wohlfahrtspflege) zu erhalten?

Stehen Ihnen bei Ihren freiwilligen Tätigkeiten Kostenerstattungen zu?

Existenzsicherung und Möglichkeiten des Zuverdienstes

Manfred Becker

Wer arbeitslos ist oder nicht arbeiten kann, hat meist ein geringes Einkommen. In dieser Lage muss man sehr genau schauen, woher man seinen Lebensunterhalt bezieht und ob es nicht weitere Möglichkeiten gibt, an Geld heranzukommen.

In diesem Kapitel werden die verschiedenen Einkommensarten für Menschen ohne »normalen« Arbeitsplatz vorgestellt, außerdem geht es um all jene Möglichkeiten, sich noch etwas Geld dazuzuverdienen.

Sozialhilfe, Grundsicherung, Sozialgeld, Arbeitslosengeld II

Viele Menschen mit psychischen Erkrankungen beziehen Sozialhilfe oder eine vergleichbare Leistung: Grundsicherung, Sozialgeld oder Arbeitslosengeld II. Sie haben keine oder nicht genügend Versicherungsansprüche erworben, um Rente oder andere Sozialleistungen zu bekommen.

Seit dem 1. Januar 2005 gelten für diese Sozialleistungen folgende Regelungen:

Alle haben im Wesentlichen die gleiche Höhe: die »Regelleistung« (in der Sozialhilfe der »Eckregelsatz«) beträgt monatlich 345 Euro (Westdeutschland und Berlin) oder 331 Euro (Ost). Die früheren einmaligen Beihilfen für Kleidung, Hausrat usw. gibt es nicht mehr. Sie wurden in den Satz eingerechnet. Der »Regelsatz« gilt nur für den »Haushaltsvorstand«. Kinder und andere Haushaltsangehörige bekommen weniger.

Diesen Regelsatz gibt es in verschiedenen Versionen. Je nachdem, in welche »Schublade« man fällt. Die Einordnung erfolgt dabei nach der Arbeitsfähigkeit:

Sozialhilfe bekommen diejenigen, die *für längere Zeit nicht erwerbsfähig* sind (z.B. weil sie krank sind). Sozialhilfe, das heißt »Hilfe zum Lebensunterhalt«, wird seit dem 1. Januar 2005 nach dem Sozialhilferecht im neuen Sozialgesetzbuch XII geregelt.

Hinweis: Die Höhe der Regelsätze wird von den Ländern festgelegt. Die vorstehend genannten und vom Bundesministerium für Gesundheit und Soziale Sicherung festgelegten »Eckregelsätze« bilden dabei eine wichtige Orientierungslinie, von der nur in geringem Umfang abgewichen werden darf.

Grundsicherung bekommt, wer auf unabsehbare Zeit nur noch weniger als drei Stunden täglich arbeiten kann, also *alte Menschen* oder solche, die *»dauerhaft voll erwerbsgemindert«* sind. Die Grundsicherung ist seit 1. Januar 2005 Teil der Sozialhilfe nach dem Sozialgesetzbuch XII.

Hinweis: Ein wichtiger Unterschied zur Sozialhilfe ist, dass Angehörige praktisch nicht für den Unterhalt zahlen müssen, also nicht »herangezogen« werden.

Arbeitslosengeld II (ALG II) bekommen diejenigen, die *mindestens drei Stunden täglich* auf dem allgemeinen Arbeitsmarkt arbeiten können. ALG II ist seit dem 1. Januar 2005 im Sozialgesetzbuch II geregelt.

Hinweis: Für Menschen, die zuvor Arbeitslosenhilfe oder Arbeitslosengeld bezogen haben, gibt es zum Teil stufenweise Übergänge. Zum Regelsatz hinunter kommt man dann erst nach Monaten oder Jahren.

Das **»Sozialgeld«** bekommen diejenigen, die *Angehörige* eines Menschen sind, der Arbeitslosengeld II bezieht, *selbst aber nicht erwerbsfähig* sind (z.B. Kinder oder Bezieher von Rente auf Zeit [!] wegen Erwerbsminderung). Das Sozialgeld wird seit dem 1. Januar 2005 nach dem neuen Sozialgesetzbuch II gezahlt.

Zusätzlich zum Regelsatz erhalten die Berechtigten noch Geld für *Unterkunft und Heizung*, also für Miete und Nebenkosten. Wenn man in bestimmten Grenzen bleibt, werden die Wohnkosten vollständig übernommen. Außerdem werden die Beiträge für Krankenversicherung und Pflegeversicherung von der Behörde bezahlt.

Heranziehung von Unterhaltspflichtigen

Eine wichtige Voraussetzung für den Anspruch auf Sozialhilfe, ALG II und Grundsicherung ist die Bedürftigkeit, wobei auch das Einkommen von Unterhaltspflichtigen berücksichtigt wird. Das sind:

ALG II: Unterhaltspflichten innerhalb eines Haushalts, einer so genannten Bedarfsgemeinschaft;

Sozialhilfe: Unerhaltspflichten innerhalb eines Haushalts, aber auch von Kindern gegenüber ihren Eltern und Eltern gegenüber ihren Kindern. Bei Letzteren gilt: Wenn gleichzeitig auch Leistungen der Eingliederungshilfe in Anspruch genommen werden (Wohnheim, Tagesstätte, WfbM, Betreutes Wohnen usw.), müssen Eltern für den Lebensunterhalt nur eine Pauschale in Höhe von 20 Euro monatlich zahlen.

Wichtig ist, dass für Leistungen der Sozialhilfe und des ALG II der *gesamte Haushalt* betrachtet wird. Sollte also jemand zum Haushalt gehören, der eine »normale« Arbeit hat (also eine sozialversicherungspflichtige Beschäftigung), dann wird dessen Nettolohn auch als Einkommen gerechnet.

Eine genaue Berechnung finden Sie bei örtlichen Arbeitslosenberatungen und -initiativen. Die Adressen können erfragt werden bei:

- Bundesarbeitsgemeinschaft Erwerbslose (siehe Anhang),
- Bundesarbeitsgemeinschaft der Sozialhilfeinitiativen (siehe Anhang),
- im Internet unter:www.bag-shi.de, E-Mail: info@bag-shi.de.

Im Internet besteht auch die Möglichkeit, die Sätze selbst auszurechnen: www.tacheles-sozialhilfe.de/info/sozialhilfe_berechnung.asp.

Möglichkeiten und Verpflichtung zum Zuverdienst

Wenn man nur Sozialleistungen in Höhe des Regelsatzes bezieht, dann lebt man auf sehr schmaler Basis. Manch einer verdient sich »schwarz« noch etwas hinzu. Dies ist verboten und wird mit Kürzung oder Rückforderung der Sozialleistung bestraft, wenn es herauskommt.

Daneben sind aber Menschen, die Arbeitslosengeld II oder Sozialhilfe beziehen, auch *verpflichtet*, jede zumutbare Arbeit anzunehmen, um ihre Bedürftigkeit zu mindern. Nur wer Leistungen der Grundsicherung bezieht, ist hiervon ausgenommen.

Sozialhilfe und Grundsicherung

Wer Sozialhilfe oder Grundsicherung bekommt, weil er längerfristig wegen Erkrankung oder Behinderung nicht arbeiten kann, der darf sich einige Euro dazuverdienen, zum Beispiel in einem Mini-Job (siehe unten).

Im Sozialhilferecht sind die Regelungen seit dem 1. Januar 2005 stark vereinfacht worden, denn hier wird davon ausgegangen, dass die Betroffenen nur weniger als drei Stunden täglich erwerbstätig sein können. Die nachfolgende Regelung gilt sowohl beim Bezug von Hilfe zum Lebensunterhalt wie auch bei der Grundsicherung im Alter und bei Erwerbsminderung: Von dem aus selbstständiger oder unselbstständiger Arbeit erzielten Einkommen können – nachdem »notwendige Kosten« abgerechnet wurden – 30 Prozent behalten werden. Von je 100 Euro des monatlichen »Nettoeinkommens« (siehe unten) also 30 Euro. Die Sozialhilfe wird dann um den restlichen Betrag vermindert.

Das Sozialamt berechnet ein Nettoeinkommen. Wenn die Betroffenen so genannte »gerechtfertigte Kosten« geltend machen, dann werden diese Beträge vom (»Brutto«-)Verdienst abgerechnet. Hierzu zählen unter anderem Fahrtkosten, Arbeitsmittel und angemessene Versicherungen. Eine Übersicht gibt Tabelle 1.

Wichtig ist, dass vom Sozialamt der *gesamte Haushalt* betrachtet wird. Sollte also jemand im Haushalt einer sozialversicherungspflichtigen Beschäftigung nachgehen, dann wird dessen Nettolohn auch als Einkommen gerechnet. Auch für dieses Einkommen können die gerechtfertigten Kosten aus der Tabelle abgezogen werden.

Tab. 1: Was kann vom Bruttoeinkommen abgezogen werden?

Kostenart	**Beispiele**	**Anrechenbar**
Arbeitsmittel	Arbeitsschuhe Kittel Werkzeug	Pauschale 5,20 Euro Im Einzelfall mit Quittung mehr
Fahrtkosten	Öffentliche Verkehrsmittel Auto nur, wenn es nicht anders geht	Nur mit Nachweis
Beiträge zu »Berufsverbänden« (Interessenverbänden)	Gewerkschaft Behinderten-Verband Sozialhilfe-/Selbsthilfegruppe (»Tacheles.de« gibt diese als absetzbar an, das wird evtl. nicht jedes Amt sofort anerkennen)	Nach Quittung/Nachweis
Versicherungen	Hausratversicherung, Haftpflichtversicherung, Mindestbeitrag Riester-Rente	Nach Quittung/Nachweis
Sonstige notwendige Kosten	Kinderbetreuungskosten, Tagesmutterkosten, Fahrtkosten zur Kinderbetreuung, Kfz-Haftpflicht (*nur* wenn wegen Behinderung oder zur Erwerbstätigkeit erforderlich)	Nach Quittung/Nachweis

In der Tabelle sind Beispiele zur Orientierung genannt. Wer viele mögliche »gerechtfertigte Kosten« hat, der sollte sich am besten in einer Beratungsstelle (Adressen siehe oben und im Anhang) genauer beraten lassen. Zur Verdeutlichung ein Beispiel:

Frau Müller lebt in Nordrhein-Westfalen. Sie ist voll und dauerhaft erwerbsgemindert. Sie hat einen Anspruch auf Leistungen der Grundsicherung in Höhe des Regelsatzes: monatlicher Barbetrag 345 Euro. Hinzu kommen die Kosten der Wohnung zuzüglich Heizung.

Wenn Frau Müller nun ein weiteres Einkommen von 200 Euro aus der Tätigkeit in einem Zuverdienstprojekt oder einem Mini-Job erzielt, kann sie von dem Einkommen zunächst die notwendigen Kosten absetzen (siehe Tabelle 1). Nehmen wir an, sie gibt für Arbeitsmittel, Fahrtkosten und Versicherungen 80 Euro aus. Dann bleiben ihr noch 120 Euro als Nettoeinkommen. Von diesen 120 Euro darf sie 30 Prozent, also 40 Euro, behalten. Das Sozialamt zieht ihr die übrigen 80 Euro von der Grundsicherung ab.

»Es lohnt sich weniger als früher, zusätzlich arbeiten zu gehen«, so wird oft behauptet. Allerdings sollte man auch bedenken, dass das Sozialamt die Kosten für bestimmte Versicherungen häufig nur bei Zuverdienern anerkennt. Dadurch ergibt sich durchaus ein Nutzen über den schmalen Verdienst hinaus.

Auch »Zuwendungen der freien Wohlfahrtspflege« gelten nicht als Einkommen. Wer also Geld, Kleidung, Möbel oder anderes von Wohlfahrtsorganisationen geschenkt bekommt, muss nicht mit einer Einkommensminderung rechnen.

Frau Kunz ist dauerhaft voll erwerbsgemindert und bekommt Grundsicherung. Sie hilft aber etwa 10 Stunden pro Woche in einem ambulanten Pflegeteam der Caritas für alte Menschen mit. Sie macht kleine Besorgungen und spricht viel mit den alten Leuten. Hierfür bekommt sie kein Geld und keine Sachzuwendungen. Von ihrem Nettoverdienst (siehe oben) dürfte sie auch nur 30 Prozent behalten. Sie wurde von der Caritas aber in den Personenkreis einbezogen, der besondere »Zuwendungen« erhält, weil er bedürftig ist, deshalb kann Frau Kunz im Secondhandladen der Caritas für sich und ihre minderjährige Tochter kostenlos Kleider und Möbel aussuchen. Außerdem bekommt sie jedes Jahr zu Weihnachten 100 Euro als Geschenk. Alle diese Zuwendungen gelten für das Sozialamt *nicht* als Einkommen.

Für Beschäftigte in einer *Werkstatt für behinderte Menschen* gilt eine besondere Regelung: Sie können von dem Entgelt ein Achtel des Eckregelsatzes (345 : 8 = 43,13 Euro) zuzüglich 25 Prozent des diesen Betrag übersteigenden Entgelts behalten. Außerdem wird bei diesem Personenkreis das Arbeitsförderungsgeld (höchstens 26 Euro) nicht angerechnet.

Frau Schröder arbeitet in der Werkstatt für behinderte Menschen. Sie bekommt dort ein Arbeitsentgelt von 130 Euro monatlich. Zusätzlich bekommt sie die Fahrtkosten erstattet und die Arbeitskleidung und Werkzeuge von der Werkstatt gestellt. Sie gibt aber außerdem noch 15 Euro monatlich für Haftpflicht- und Hausratversicherung aus und 5 Euro für ihre Mitgliedschaft im Verein der Psychiatrie-Erfahrenen (»Tacheles.de« gibt diese als absetzbar an, das wird eventuell nicht jedes Amt sofort anerkennen). Diese 20 Euro kann sie vom Brutto (130 Euro) abziehen, macht 110 Euro. Dann weiß sie von der Werkstatt, dass im Arbeitsentgelt 26 Euro Arbeitsförderungsentgelt enthalten sind. Auch diese können abgezogen werden, macht Rest 84 Euro. Weiterhin wird der Betrag von 43,13 Euro (= 1/8 des Eckregelsatzes) abgezogen, macht 40,87 Euro. Von diesem Rest darf Frau Schröder 25 Prozent behalten, das sind 10,22 Euro, macht Restbetrag 30,65 Euro. Dieser Restbetrag von 30,65 Euro wird also abgezogen.

Wichtig ist hierbei, dass in der Werkstatt *Beiträge zur Rentenversicherung* gezahlt werden. Zunehmend wird auch *Teilzeitarbeit* ermöglicht. Dies in der Regel aber nur mit ärztlicher Bescheinigung, dass man nicht länger als einen Teil der Arbeitszeit am Werkstattbetrieb teilnehmen kann. Im Rheinland kann ab 2005 auch ohne eine solche Bescheinigung in der Werkstatt Teilzeit gearbeitet werden – mit einer Mindestarbeitszeit von 10 Stunden pro Woche. Üblich sind ca. 35 Stunden pro Woche.

Weitere Leistungen, die nicht als Einkommen gerechnet werden, sind: Erziehungsgeld, Leistungen der Pflegeversicherung, Grundrenten nach dem Bundesversorgungsgesetz, Blindengeld.

Ganz schlecht sieht es für Empfänger von Arbeitslosengeld II (ALG II) aus, die einen »normalen« Job zusätzlich ausüben oder sich als kleine Selbstständige etwas dazuverdienen wollen. Trotz anders lautender Äußerungen der deutschen Bundesregierung dürfen sie seit 1. Januar 2005 weniger hinzuverdienen als vorher Empfänger von Arbeitslosenhilfe, es sei denn, sie verdienen mehr als 1000 Euro hinzu. Das Berechnungsverfahren ist kompliziert.

Dasselbe gilt für den Fall, dass andere Mitglieder der »Bedarfsgemeinschaft« im Haushalt etwas dazuverdienen. Diese bekommen beispielsweise *Sozialgeld*, was insbesondere für Kinder und Jugendliche gilt. Wenn beispielsweise Schüler in den Ferien Geld verdienen, dann wird dies als zusätzliches Einkommen der Bedarfsgemeinschaft gerechnet und nach denselben Regeln behandelt, wie beim Zuverdienst von ALG-II-Empfängern.

Andere Regeln gelten im Rahmen der so genannten 1-Euro-Jobs (siehe unten).

Die Berechnung läuft so: Zunächst wird ein *Nettoeinkommen* ermittelt, wie bei der Sozialhilfe auch. Wichtig ist, dass ähnlich wie bei der Sozialhilfe der Haushalt betrachtet wird. Bei ALG II zählt die »Bedarfsgemeinschaft«. Zur Bedarfsgemeinschaft gehören mindestens ein erwerbsfähiger Bedürftiger, das ist der Antragsteller, dazu der mit ihm zusammenlebende Partner, dazu die im Haushalt lebenden Kinder unter 18 von einem bzw. von beiden, dazu ggf. die im Haushalt lebenden, nicht erwerbsfähigen Eltern von einem bzw. von beiden. Im Zweifelsfall sollte man sich hierzu beraten lassen. Es gibt allerdings auch für die Ämter Zweifelsfälle! Sollte also jemand zur Bedarfsgemeinschaft gehören, der eine sozialversicherungspflichtige Beschäftigung hat, dann wird dessen Nettolohn auch als Einkommen gerechnet. Auch für dieses Einkommen können die gerechtfertigten Kosten aus der Tabelle abgezogen werden.

Die folgende Tabelle zeigt, was alles angerechnet werden kann.

Tab. 2: **Was kann vom Bruttoeinkommen abgezogen werden?**

Kostenart	Beispiele	Anrechenbar
Arbeitsmittel	Arbeitsschuhe Kittel Werkzeug	Pauschale 5,20 Euro Im Einzelfall mit Quittung mehr
Fahrtkosten	Öffentliche Verkehrsmittel Auto nur, wenn es nicht anders geht	Nur mit Nachweis
Beiträge zu »Berufsverbänden« (Interessenverbänden)	Gewerkschaft Behinderten-Verband Sozialhilfe-/Selbsthilfegruppe (»Tacheles.de« gibt diese als absetzbar an, das wird evtl. nicht jedes Amt sofort anerkennen)	Nach Quittung/Nachweis
Versicherungen	Hausratversicherung, Haftpflichtversicherung, Unfallversicherung	30,00 Euro je volljähriges Mitglied der Bedarfsgemeinschaft
Riester-Rente	Mindestbeitrag Riester-Rente	Nach Quittung/Nachweis
Sonstige notwendige Kosten	Kinderbetreuungskosten, Tagesmutterkosten, Fahrtkosten zur Kinderbetreuung Kfz-Haftpflicht (*nur* wenn wegen Behinderung oder zur Erwerbstätigkeit erforderlich)	Nach Quittung/Nachweis

In der Tabelle sind Beispiele zur Orientierung genannt. Wer viele mögliche »gerechtfertigte« Kosten hat, der sollte sich am besten in einer Beratungsstelle (Adressen im Anhang) genauer beraten lassen.

Nachdem das Nettoeinkommen errechnet ist, muss man das Bruttoeinkommen für die Zuverdienst-Freibeträge wieder in Betracht ziehen – also das, was man ursprünglich vom Arbeitgeber als Arbeitnehmer-Brutto berechnet bekam.

Der Normalfall: 0–400 Euro Bruttozuverdienst: Der Fall, in dem jemand nur höchstens 400 Euro Zuverdienst hat, ist wohl am häufigsten. Er ist auch mit den neuen Hartz-IV-Regeln am einfachsten zu rechnen. Zunächst ermittle ich mein Netto-Einkommen. Ich ziehe also Versicherungen, Fahrtkosten, Arbeitsmittel usw. vom Brutto ab. Vom Rest darf ich nur 15 Prozent behalten bzw. das Amt kürzt mir das ALG II entsprechend. Maximal kann ich etwa 50 Euro Zuverdienst erzielen!

Beispiel: Frau Schulze verdient in ihrem Mini-Job 300 Euro monatlich. Der Arbeitgeber muss Steuern und Sozialversicherung für sie bezahlen. Dies zählt aber nicht zum Brutto dazu. Frau Schulze hat allerdings Versicherungen, Fahrtkosten, Arbeitsmittelkosten, insgesamt 70 Euro. Vom Verdienst können diese 70 Euro gegenüber dem Amt abgezogen werden. Daraus ergibt sich letztlich ein Netto-Verdienst von 230 Euro. Von diesen 230 Euro wiederum darf Frau Schulze die besagten 15 Prozent behalten, das sind 34,50 Euro. Das Amt kürzt also das ALG II um den restlichen Verdienst von 195,50 Euro.

Der Ausnahmefall: 400–1500 Euro Bruttozuverdienst: In den Fällen, in denen der Zuverdienst 400 Euro übersteigt, ist die Rechnung erheblich komplizierter. Es wird eine Art Gesamt-Freibetrag gebildet, der sich an folgenden Stufen orientiert:

Tab. 3: Freibeträge beim ALG II

0,00 bis 400,00 Euro	15 Prozent Freibetrag von dem Teil des Netto, der diesem Brutto entspricht
400,10 bis 900,00 Euro	30 Prozent Freibetrag von dem Teil des Netto, der diesem Brutto entspricht
900,10 bis 1500,00 Euro	15 Prozent Freibetrag von dem Teil des Netto, der diesem Brutto entspricht

Rechenbeispiel:

Wer insgesamt 1200 Euro brutto verdient und 600 Euro (= 50 %) an Steuern, Sozialversicherung, Werbungskosten und sonstigen Kosten anfallen, muss die jeweiligen Stufen betrachten und zunächst für jede Stufe den entsprechenden Freibetrag ausrechnen. Also sind es:

- für die ersten 400 Euro = 200 netto → 60 Euro Freibetrag (= 15 %),

- für die nächsten 500 Euro = 250 netto → 75 Euro Freibetrag (= 30 %),
- für die nächsten 300 Euro = 150 netto → 22,50 Euro Freibetrag (= 15 %).

Das gibt bei dem Verdienst von 1200 Euro zusammen 127,50 Euro Gesamtfreibetrag. Dieser Gesamtfreibetrag ist also jene Summe, die vom *Nettoeinkommen* behalten werden darf.

Zur Verdeutlichung noch ein Beispiel:

> Herr Meier ist ALG-II-Empfänger und hat tatsächlich einen Job gefunden, mit dem er 1400 Euro brutto zu seinem ALG II hinzuverdient. Zuerst ist nun der Gesamt-Freibetrag zu berechnen. An Steuern und Sozialversicherung zahlt er 400 Euro (zur Vereinfachung gerundet). Für Versicherungen, Fahrtkosten, Arbeitsmittel gibt Herr Meier im Monat noch einmal 70 Euro aus. Zusammen sind das 470 Euro. Diese 470 Euro werden vom Bruttoverdienst, 1400 Euro, abgezogen. Als Netto hat Herr Meier also 930 Euro, also zwei Drittel vom Brutto. Für den Erwerbstätigen-Freibetrag werden jeweils zwei Drittel der Einkommensstufen genommen: 2/3 x 400 x 15% = 40; 2/3 x 500 x 30% = 100; 2/3 x 500 x 15% = 50, sind zusammen 40 + 100 + 50 = 190 Euro. Von diesen 930 Euro Nettoverdienst darf Herr Meier den Gesamt-Freibetrag von 190 Euro behalten. Die übrige Summe von 740 Euro wird vom ALG II abgezogen.

So genannte 1-Euro-Jobs

Bei dieser Form der Beschäftigung, den 1-Euro-Jobs, handelt es sich eigentlich eher um »Maßnahmen«. Teil der Maßnahme sollen immer auch Fortbildungsstunden oder ganze Fortbildungstage sein. In Nordrhein-Westfalen sollen es 20 Prozent der Gesamtzeit betragen. Diese Fortbildungszeiten sind aber keine Arbeitszeiten. Sie zählen also in der Regel nicht für den Verdienst.

Bei den bisher vorbereiteten Programmen (Stand: Winter 2004) ist auch nicht immer eine gesamte Maßnahme-Woche von

40 Stunden vorgesehen. Die Träger der Maßnahmen bekommen eine Pauschale vom Amt. Sie bestimmen die genauen Regeln, nach denen die Maßnahmen laufen und wie die Bezahlung geregelt ist.

Der »Verdienst« von 1 Euro (oder mehr) in diesem Rahmen ist eine »Aufwandsentschädigung« für den Mehraufwand, den man durch diese Beschäftigung hat. Die tatsächlich im Monat zu erreichenden Verdienste dürften im Bereich von ca. 30 bis 200 Euro liegen. Diese Beträge können *vollständig* behalten werden!

Nähere Beratung zu Fragen des ALG II geben:

- Bundesarbeitsgemeinschaft Erwerbslose (Adresse im Anhang)
- Bürgertelefon des Bundesministeriums für Wirtschaft und Arbeit (Adresse im Anhang)
- Bundesagentur für Arbeit in Nürnberg (Adresse im Anhang)

Weitere Quellen im Internet sind:

- www.arbeitsagentur.de, dort unter »Aktuelles« oder »Veröffentlichungen/Geldleistungen zur Unterhaltssicherung«
- www.arbeitnehmerkammer.de/sozialpolitik/
- www.tacheles-sozialhilfe.de/aktuelles/2004/ALZ_Dortmund_ALG_II_Broschuere.pdf

Zur eigenen Berechnung im Internet stehen zur Verfügung:

- www.michael-brinkmann.de/arbeitslosengeld2.html
- www.vorderstrasse.de, dann auf »Lösungen« und dann auf »Arbeitslosengeld II«
- www.osnabrueck.de/soziales/34177.html

Renten

Viele Menschen mit psychischen Erkrankungen bekommen auf Grund ihrer dauerhaften Einschränkung eine Rente, die ihre Existenz sichern soll. Es gibt verschiedene Arten von Renten und dementsprechend auch verschiedene Möglichkeiten des Zuverdienstes.

Rente wegen vollständiger Erwerbsminderung

Wer dauerhaft (psychisch) erkrankt ist und nur noch *weniger als drei Stunden* täglich arbeiten kann, der bekommt eine Rente wegen vollständiger Erwerbsminderung – aber nur dann, wenn vorher mindestens fünf Jahre Beiträge gezahlt wurden und die Beitragszeiten nicht zu lange zurückliegen. Früher entsprach dem die Rente wegen Erwerbsunfähigkeit (siehe unten).

Im Zusammenhang mit psychischen Erkrankungen wird diese Rente häufig nur befristet bewilligt. Wenn man zusätzlich Sozialleistungen zum Lebensunterhalt braucht, erhält man nur Sozialhilfe, nicht Grundsicherung. Dies ist immer dann schlecht, wenn eine Heranziehung von Angehörigen in Frage kommt. Bei der Grundsicherung gilt dies hingegen nicht.

Diese »Frührente« ist häufig so gering, dass viele Betroffene überlegen, ob sie sich etwas dazuverdienen sollen.

Was darf man nun zusätzlich verdienen?

Personen mit einer Rente wegen vollständiger Erwerbsminderung dürfen nur in bestimmten Grenzen hinzuverdienen. Wer zu viel Einkünfte hat, kann 25 Prozent, 50 Prozent, 75 Prozent oder die gesamte Rente gekürzt bekommen. Dies wird in der Praxis nur selten vorkommen, weil viele Menschen mit psychischen Erkrankungen schon froh sind, wenn sie nur ein wenig hinzuverdienen können.

Anders als bei der Rente wegen Erwerbsunfähigkeit, die es früher gab, darf man *auch als Selbstständiger* arbeiten. Für Menschen, die vor dem 1. Januar 2001 eine Rente wegen Erwerbsunfähigkeit bewilligt bekamen, gelten die alten Regeln weiter (zu dieser Rentenform siehe weiter unten).

Als Faustregel gilt, dass man immer bis zu 345 Euro einnehmen darf (Achtung: hier gilt *nicht* die Mini-Job-Grenze von 400 Euro!). Darüber wird nicht nur Rente abgezogen, es kann auch sein, dass die Rentenversicherung prüft, ob man überhaupt noch voll erwerbsgemindert ist. Im schlimmsten Fall kann man dann wieder für (teilweise) erwerbsfähig befunden werden und die Rente verlieren. Die Grenzen für höhere Verdienste sind in der Tabelle aufgelistet.

Tab. 4: Allgemeine Hinzuverdienst-Grenzen bei vollständiger Erwerbsminderung (Stand: 2005)

Hinzuverdienst		Rentenabzug
West-Deutschland	Ost-Deutschland	
Bis 345,00 Euro	Bis 345,00 Euro	Kein Rentenabzug
Bis 611,44 Euro	Bis 537,50 Euro	Rentenabzug 25%
Bis 811,34 Euro	Bis 713,22 Euro	Rentenabzug 50%
Bis 1011,23 Euro	Bis 888,94 Euro	Rentenabzug 75%

Neben diesen allgemeinen Hinzuverdienst-Grenzen gibt es persönliche Hinzuverdienst-Grenzen. Sie werden jeweils für die betreffende Person ausgerechnet und können höher liegen. Sie richten sich nach dem Einkommen in den letzten drei Jahren vor der Rente. Als Faustregel gilt: Wer deutlich über dem Durchschnittsverdienst (derzeit ca. 2060 Euro brutto im Monat) lag, der hat auch höhere Zuverdienstmöglichkeiten. Man kann sich die persönlichen Grenzen jederzeit in einer Beratungsstelle der Rentenversicherer berechnen lassen. Meist geht das sofort, wenn man die Versicherungsnummer und den Ausweis dabei hat.

Hinweis: Sollte die Berentung schon einige Jahre zurückliegen und die Rentenversicherung persönliche Hinzuverdienst-Grenzen mitgeteilt haben, dann können diese inzwischen anders liegen!

Rente wegen teilweiser Erwerbsminderung

Neu ist seit einigen Jahren die Rente wegen teilweiser Erwerbsminderung. Dies bedeutet, dass man wegen dauerhafter (psychischer) Erkrankung nur *drei bis unter sechs Stunden* täglich arbeiten kann. Auch diese Rente bekommt man nur dann, wenn vorher mindestens fünf Jahre Beiträge gezahlt wurden und die Beitragszeiten nicht zu lange zurückliegen. Im Zusammenhang mit psychischen Erkrankungen wird diese Rente häufig nur befristet bewilligt.

Bei dieser Art Rente ist es möglich, eine normale Teilzeit-Arbeit zusätzlich zu haben. Bis unter 30 Stunden pro Woche darf man ja arbeiten.

Was darf man dazuverdienen?

Betroffene mit einer Rente wegen teilweiser Erwerbsminderung dürfen nur in bestimmten Grenzen hinzuverdienen. Wer zu viel einnimmt, kann 50 Prozent oder die ganze Rente gekürzt bekommen. Dies wird in der Praxis nur selten vorkommen, weil viele Menschen mit psychischen Erkrankungen schon froh sind, wenn sie wenig hinzuverdienen können.

Als Faustregel gilt, dass man brutto monatlich immer bis zu 811 Euro in West-Deutschland und bis zu 713 Euro in Ost-Deutschland hinzuverdienen darf. Darüber wird nicht nur Rente abgezogen. Es kann dann sein, dass die Rentenversicherung prüft, ob man überhaupt noch erwerbsgemindert ist. Im schlimmsten Fall kann man anschließend für erwerbsfähig befunden werden und die Rente verlieren.

Die Grenzen für höhere Verdienste sind in der Tabelle aufgelistet.

Tab. 5: Allgemeine Hinzuverdienst-Grenzen bei teilweiser Erwerbsminderung (Stand: 2005)

Hinzuverdienst brutto monatlich		Rentenabzug
West-Deutschland	Ost-Deutschland	
Bis 811,34 Euro	Bis 713,22 Euro	Kein Rentenabzug
Bis 1011,23 Euro	Bis 888,94 Euro	Rentenabzug 50%

Neben diesen allgemeinen Hinzuverdienst-Grenzen gibt es persönliche Hinzuverdienst-Grenzen. Sie werden jeweils für die betreffende Person ausgerechnet und können höher liegen. Sie richten sich nach dem Einkommen in den letzten drei Jahren vor der Rente. Man kann sich die persönlichen Grenzen jederzeit in einer Beratungsstelle der Rentenversicherer berechnen lassen. Meist geht das sofort, wenn man die Versicherungsnummer und den Ausweis dabei hat.

Hinweis: Sollte die Berentung schon einige Jahre zurückliegen und die Rentenversicherung persönliche Hinzuverdienst-Grenzen mitgeteilt haben, können diese inzwischen anders sein.

Rente wegen Berufs- oder Erwerbsunfähigkeit

Wenn jemand schon vor dem 1. Januar 2001 eine Rente wegen Berufsunfähigkeit oder Erwerbsunfähigkeit bewilligt bekam, dann gelten gesonderte Hinzuverdienst-Grenzen.

Bei *Rente wegen Erwerbsunfähigkeit* sind maximal 345 Euro monatlich als Einkommen möglich (gleich in West- und Ost-Deutschland).

Hinweis: Hier gilt nicht die Mini-Job-Grenze von 400 Euro! Wer mehr verdient als 345 Euro, dessen Rente wird in eine Rente wegen Berufsunfähigkeit umgewandelt, das heißt: um mindestens *ein Drittel* gekürzt.

Wer Rente wegen Erwerbsunfähigkeit bezieht, darf *nicht selbstständig* tätig werden! In diesem Fall wird die Rente gestrichen. Die Rentenversicherung prüft dann aber, ob eine Rente wegen Berufsunfähigkeit oder eine Rente wegen voller Erwerbsminderung gezahlt werden kann. Dabei wird der Zuverdienst natürlich angerechnet.

Bei *Rente wegen Berufsunfähigkeit* sind ziemlich hohe Hinzuverdienste möglich. Wer alle Grenzen überschreitet, bekommt keine Rente mehr. Die allgemeinen Hinzuverdienst-Grenzen stehen in der folgenden Tabelle.

Tab. 6: Allgemeine Hinzuverdienst-Grenzen bei Rente wegen Berufsunfähigkeit (Stand: 2005)

Hinzuverdienst brutto monatlich		Rentenabzug
West-Deutschland	Ost-Deutschland	
Bis 685,91 Euro	Bis 602,96 Euro	Kein Rentenabzug
Bis 914,55 Euro	Bis 803,95 Euro	Rentenabzug 33%
Bis 1143,19 Euro	Bis 1004,94 Euro	Rentenabzug 67%

Hinweis: Sollte die Berentung schon einige Jahre zurückliegen und die Rentenversicherung persönliche Hinzuverdienst-Grenzen mitgeteilt haben, dann können diese inzwischen anders liegen.

Nähere Beratung zu Fragen der Rentenversicherung geben:

- Versichertenälteste der Rentenversicherungen: Adressen erhält man bei seinem Rentenversicherungsträger (z.B. BfA oder LVA) – kostenlos, ortsnah und meist sachkundig und hilfsbereit.
- Kostenfreie Service-Telefonnummern: Bürgertelefon des Bundesministeriums für Gesundheit und Soziale Sicherung zur Rente: 01805-996601 – nicht mehr kostenlos, aber meist sachkundig und hilfsbereit.
- Landesversicherungsanstalt (LVA): Service-Nummer: 0800-4636582 – kostenlos und meist sachkundig und hilfsbereit.
- Bundesversicherungsanstalt (BfA): Service-Nummer: 0800-3331919 – kostenlos, aber hier fliegt man schnell wieder aus der Leitung, wenn alle Bearbeiter telefonieren.

Oder im Internet:

- www.bfa.de, dann auf »BfA in Ihrer Nähe«, dann »Versichertenberater/in«;
- www.lva.de, dort Postleitzahl eingeben, dann findet man die zuständige LVA, dort steht meist unter »Beratung«, wie man die Versichertenältesten findet.

Hinweis: Im Jahr 2005 sollen die LVA und die BfA zur »Deutschen Rentenversicherung« zusammengefasst werden. Dadurch ändern sich möglicherweise die Adressen.

Krankschreibung und Krankengeld

Wer Krankengeld bekommt, hat entweder eine feste Arbeitsstelle oder wurde während einer Erwerbstätigkeit krank und damit nahtlos weiter krankgeschrieben, während dann die Arbeitsstelle verloren ging.

Krankengeld wird höchstens 18 Monate gezahlt – es sei denn, man wird auf Grund einer ganz anderen Erkrankung (neuerlich) krankgeschrieben.

Wer Krankengeld bezieht, ist krank und kann deswegen nicht arbeiten. Diese rechtliche Festsetzung trifft bei Menschen mit psychischen Erkrankungen oft nicht richtig den Sachverhalt. Viele Betroffene können trotz Erkrankung ein paar Stunden pro Woche arbeiten. In vielen Fällen hilft eine Beschäftigung zudem dabei, dass man wieder gesünder wird. Dies kann man auch im Rahmen einer Arbeitstherapie oder einer Rehabilitationsmaßnahme tun.

Wer dabei eine *Arbeitstherapie-Prämie* bekommt und/oder Erstattung von Fahrtkosten und Verpflegung, der sollte das mit der Krankenkasse abklären, damit es keinen Ärger gibt. Oft haben die Arbeitstherapie-Einrichtungen das mit den Krankenkassen schon vorab geklärt. Man sollte aber ausdrücklich danach fragen. Entgelte bis ca. 60 Euro werden in der Regel als Aufwandsentschädigung gewertet. Damit gibt es dann auch keine Schwierigkeiten.

Maßnahmen zur beruflichen Eingliederung

Nimmt man an einer Maßnahme der beruflichen Eingliederung teil, dann wird davon ausgegangen, dass die Betroffenen von dieser Maßnahme voll in Anspruch genommen sind. Ein Zuverdienst ist also nicht vorgesehen. Die Teilnahme am Berufsbildungsbereich einer Werkstatt für behinderte Menschen (WfbM) ist eine solche Maßnahme. Da Maßnahmen normalerweise ziemlich anstrengend sind, ist dies auch realistisch.

Wird eine solche Maßnahme von der LVA, der BfA oder der Berufsgenossenschaft bezahlt, dann bekommt man als Lebensunterhalt ein so genanntes Übergangsgeld.

Je nach Art der Maßnahme und der »Anspruchsberechtigung« kann es aber auch sein, dass man lediglich ALG I oder ALG II als Lebensunterhalt bekommt. Die Fahrtkosten zum Ort der Maßnahme werden aber immer erstattet. Die so genannten 1-Euro-Jobs (siehe oben) sind eine solche Maßnahme, für die zusätzlich noch eine »Aufwandsentschädigung« den Lebensunterhalt aufbessert.

Teilzeitarbeit und Mini-Jobs

Viele Menschen mit psychischen Erkrankungen können nicht mehr arbeiten. Ein kleiner Prozentsatz schafft es aber, erwerbstätig zu bleiben. Von diesen haben viele die Möglichkeit einer Teilzeitarbeit genutzt. Oft ist es einfacher, etwa 30 statt 40 Stunden pro Woche zu arbeiten, und man kann auch von einer Halbtags- oder Dreiviertelarbeit noch recht gut leben. Bei Mini-Jobs sieht es meist anders aus.

Wer psychisch erkrankt ist und Teilzeit arbeitet, tut dies meist, weil er nicht mehr arbeiten kann als eben diesen Teilzeitumfang. In wenigen Fällen kann sich aber die Frage des Zuverdienstes stellen. Der Hauptarbeitgeber kann eine solche Nebentätigkeit nicht verbieten. Ansonsten gelten die Regeln für Mini-Jobs, wie sie im Folgenden beschrieben werden.

Wer schon eine versicherungspflichtige Beschäftigung hat, der darf *einen* Mini-Job zusätzlich haben, ohne hierfür selbst Beiträge zur Sozialversicherung zahlen zu müssen.

Die so genannten Mini-Jobs teilen sich in zwei verschiedene Stufen auf. Die erste Stufe bezieht sich auf Verdienste von 0 bis 400 Euro. Die zweite Stufe meint den Bereich der »Gleitzone« von 401 bis 800 Euro Verdienst.

Genauere Informationen erhält man in der Broschüre *Geringfügige Beschäftigung und Beschäftigung in der Gleitzone*, die kostenlos beim Bundesministerium für Gesundheit und Soziale Sicherung bestellt werden kann (siehe Anhang). Oder zum Download im Internet: www.bmgs.bund.de/download/broschueren/A630.pdf.

Der Mini-Job mit 0–400 Euro: Die meisten Menschen mit Mini-Job haben Verdienste in diesem Bereich, vor allem diejenigen mit einer psychischen Erkrankung. Hier ist die Situation recht überschaubar. Der Arbeitgeber muss Steuern und Sozialversicherung von insgesamt 25 Prozent des Lohnes abführen. Der Arbeitnehmer muss nichts weiter bezahlen, wenn er schon in einer (gesetzlichen) Krankenkasse krankenversichert ist.

Es gibt die Möglichkeit, zusätzlich zu den Arbeitgeberbeiträgen die Rentenversicherungsbeiträge aufzustocken. Maximal muss man 30 Euro monatlich zahlen bei 400 Euro Verdienst. Bei der Entscheidung, ob man diesen Beitrag zahlt oder nicht, sollte man sich beraten lassen. Da es sich nicht um Pflichtbeiträge handelt, werden diese auch nicht bei Sozialhilfe/ALG II usw. als »erforderliche Kosten« vom Brutto abgezogen.

Der Mini-Job mit 400–800 Euro: Dieser Bereich von Verdiensten heißt »Gleitzone«. Das bedeutet: Die Sozialversicherungsbeiträge »gleiten« immer mehr in die Höhe, je mehr man zusätzlich verdient (Tabelle 7).

Beim Verdienst von 800 Euro monatlich ist man also dort angekommen, wo alle, die mehr verdienen, auch stehen: bei 42 Prozent Sozialversicherung; Arbeitgeber und Arbeitnehmer zahlen je die Hälfte.

Tab. 7: Sozialversicherungsbeiträge

Verdienst	Gesamtbeitrag % vom Brutto	Gesamtbeitrag Euro	Arbeitgeber-Anteil	Arbeitnehmer-Anteil
Knapp über 400,00 Euro	25 %	100,00 Euro	ca. 84,00 Euro	ca. 16,00 Euro
600,00 Euro	36,33 %	218,00 Euro	ca. 126,00 Euro	ca. 92,00 Euro
800,00 Euro	42 %	336,00 Euro	168,00 Euro	168,00 Euro

Bei der *Steuer* sind Beschäftigte in der Gleitzone den anderen Erwerbstätigen gleichgestellt. Lohnsteuer wird nach Steuerkarte und Steuertabelle vom Arbeitgeber berechnet.

Mehrere Mini-Jobs: Hat man mehrere geringfügige Verdienste, dann werden diese als Gesamteinkommen betrachtet, so als hätte man einen einzigen Mini-Job. Übersteigt dieses Gesamteinkommen die 400-Euro-Grenze, dann wird die Beschäftigung versicherungspflichtig.

Für die Versicherungspflicht im letzteren Fall wird dann ein kompliziertes Verfahren erforderlich. Weil dies in den hier betrachteten Fällen nur sehr selten vorkommt, verweise ich auf die oben genannten Informationen zu Mini-Jobs.

Auf den vorausgegangenen Seiten habe ich mich bemüht, einen Überblick über den derzeitigen Stand der Zuverdienst-Möglichkeiten zu geben. Hierzu möchte ich anmerken, dass derzeit die Sozialgesetze sehr schnell geändert werden und dass man sich bei Unsicherheiten besser eine Beratung suchen sollte. Manches in den neuen Gesetzen ist auch von den Behörden noch nicht endgültig geklärt, anderes wird in der kommenden Zeit wieder geändert werden.

Jeder und jedem Betroffenen kann man nur raten, sich mit anderen auszutauschen, sich eine gute Beratungsstelle oder Selbsthilfegruppe zu suchen, die einen zu seiner ganz persönlichen Situation berät und weiterhilft. Damit bekommt man nicht nur mehr Sicherheit in seinen Rechten und Möglichkeiten gegenüber den Behörden, man knüpft auch Kontakte, die einen ermutigen und stärken können.

Leitfragen zum folgenden Kapitel

Kennen Sie das Gefühl, etwas geschafft zu haben im Laufe des Tages und dennoch unzufrieden zu sein? Woran könnte das liegen?

Wann haben Sie zuletzt über Ihre Fähigkeiten und Ihre Potenziale nachgedacht?

Haben Sie früher schon mal befriedigende Tätigkeiten ausgeführt, für die Sie kein Geld bekamen?

Wann hat eine Tätigkeit für Sie einen Wert?

Gibt es ein Projekt oder eine Initiative, bei denen Sie gerne dabei wären?

Welche Möglichkeiten haben Sie, sich bei Schwierigkeiten Hilfe zu holen? Wissen Sie, welche Einrichtungen u.Ä. in Ihrem Ort Hilfen anbieten?

Arbeit ist *nur* das halbe Leben

Silke Dennhardt

Heute über Freizeit nachzudenken, das bedeutet auch, über ihr Verhältnis zur Arbeit nachzudenken und darüber, welchen Wert der Freizeit in unserer Gesellschaft bisher eingeräumt wurde. Die Freizeit als wichtiger Lebensbereich hat an Bedeutung gewonnen und wird mit zunehmender Lebenszeit und veränderten Arbeitsmarktbedingungen weiter steigen.

Freizeit ist gemeinhin das, was »übrig bleibt«. Das liegt an unserem Verhältnis zur Arbeit und an der uns prägenden, jahrhundertealten Arbeitsethik. Freizeit ist dann jener Anteil an selbstbestimmter Zeit, der verbleibt, wenn man die fremdbestimmte Zeit und die »Selbstsorgezeit« von der täglich zur Verfügung stehenden Zeit abzieht. Viele Menschen klagen über zu wenig Freizeit und meinen damit den Anteil an selbstbestimmter Zeit. Sie machen Pläne, was sie alles tun werden, wenn sie nicht mehr arbeiten müssten. Wenn es dann aber so weit ist, haben sie oft große Schwierigkeiten, die Zeit zu füllen.

Und doch: Wer viel Zeit hat, müsste automatisch auch viel Freizeit haben. Oder? Wer viel Zeit zur eigenen Verfügung hat, kann auch über viel Zeit selbst bestimmen. Wer zum Beispiel keinen Arbeitsplatz mehr hat, weil er in Rente gegangen oder arbeitslos geworden ist oder aus anderen Gründen nicht mehr arbeitet, hat im Vergleich zu vorher ein größeres Kontingent an persönlich verfügbarer Zeit, also frei gewordene Zeit, die vorher die Arbeit selbst, der Weg zur Arbeit und andere damit verbundenen Tätigkeiten eingenommen haben. Diese Zeit steht auf einmal zur eigenen Verfügung, ist unbesetzt und kann gefüllt werden.

Obwohl sie vorher oft Pläne gemacht haben, was sie alles tun würden, wenn sie nicht mehr arbeiten müssten, erleben es viele

Menschen anders. Freie Zeit ist für sie nicht gleich Freizeit, und mehr freie Zeit führt nicht automatisch zu mehr Freizeitinteressen, denen man schon lange mal nachgehen wollte, für die aber bisher keine Zeit verfügbar war. Woran liegt das?

Mit dem Wegfall fremdbestimmter Zeit wird der Anteil der restlichen Zeit oft als wertlos empfunden.

Heute haben viele Menschen verlernt, mit Zeit umzugehen, sie befinden sich im Freizeitstress oder langweilen sich, machen mehrere Dinge gleichzeitig, wissen nicht, warum sie etwas tun, oder sie erleben beispielsweise ihren Urlaub hauptsächlich im Nachhinein, nämlich wenn sie ihre Fotos zeigen. Eine Ursache ist sicherlich, dass wir Zeit als Wert empfinden und sie nach finanziellen Motiven bewerten. Deshalb wird Freizeit häufig mit Arbeit kontrastiert. Dieser Gegensatz ist falsch, denn er führt zur Abwertung der Freizeit, und gleichzeitig wird Erwerbsarbeit allein auf den »Erwerb« (auf materiellen Besitz) reduziert, was den Verlust von Sinn, Nützlichkeit und persönlichem Bezug in der Arbeit ungefragt hinnimmt. Es geht nicht darum, einen »Betrag an Zeit« mit möglichst vielen Aktivitäten auszufüllen, sondern vielmehr um die Qualität, um die Erfahrungen von Sinn und Bedeutung, die mit diesen Tätigkeiten verbunden werden.

Die gegenwärtige Freizeitforschung stellt deshalb Freizeit als Erfahrung, als state-of-mind in den Mittelpunkt und richtet den Fokus auf die Bedeutung und Qualität von Freizeit*erfahrungen* und weniger auf bestimmte Aktivitäten, die mit Freizeit verbunden werden. Freizeit ist etwas, was erlebt wird. Sie entsteht, wenn sie mit bestimmten Erfahrungen von Sinnhaftigkeit, Bedeutung und Wohlbefinden verbunden ist.

Freizeit ist die Zeit, die für Tätigsein vorhanden ist. Sie ist ein potenzieller Raum für Bildung und Entwicklung, für die Beschäftigung mit sozialen, ökologischen und kulturellen Aufgaben, für Wohlbefinden, Entspannung und für soziale Kontakte. Freizeit ist ein Zeitabschnitt, in dem man geistige und körperliche Energien einem bestimmten Projekt widmen kann. Es muss also darum gehen, den Fokus wieder auf die Erfahrungen zu richten, auf das Erleben und nicht auf den Nutzen von Zeit. Die Bewertung von Freizeit als nutzlose oder weniger wertvolle Zeit resultiert allein aus einer ökonomischen Betrachtung – und auch darüber ließe sich inzwischen bei der zunehmenden Bedeutung ehrenamtlichen Engagements streiten. Sie ist damit im historischen Kontext einzuordnen und ist ebenso stark gesellschaftlich und kulturell gebunden.

Im Folgenden sollen Anregungen gegeben werden, sich über die Möglichkeiten eigenen Tätigseins klar zu werden. Wichtig ist hierbei, dass es ganz vielfältige Gründe haben kann, wann und warum eine Tätigkeit als persönlich wertvoll erlebt wird. Meistens ist es sogar eine Kombination aus mehreren Gründen. Menschen sind Individuen und es gibt ganz unterschiedliche Werte und Motive, die mit einer Tätigkeit verbunden werden. Zum Beispiel kann es für jemanden wichtig sein, eine Tätigkeit auszuüben, die hilfreich für andere ist. Andere wiederum gehen einer bestimmten Beschäftigung nach und empfinden sie als persönlich sinnvoll, weil sie dort eigene Kompetenzen erleben und weiterentwickeln können. Für andere ist es sinnvoll, etwas zu tun, was ihnen hilft, einen täglichen Rhythmus zu haben und Leute zu treffen.

Nicht mehr einer bezahlten Arbeit nachzugehen ist einerseits eine Chance, selbst über die ausgeübte Tätigkeit bestimmen zu können, andererseits bedeutet es aber auch eine besondere Herausforderung, kreativ im eigenen Umfeld die Tätigkeit zu finden, die den eigenen Interessen und Werten entspricht, damit sie als sinnvoll empfunden wird und zum eigenen Wohlbefinden beiträgt. Diese für sich eigene Wertigkeit zu finden ist umso wichtiger, wenn allgemein gesellschaftliche und vorgegebene Werte, wie sie mit einer bezahlten Arbeit verbunden sind, entfallen.

Ziel der folgenden Abschnitte ist es, eine Orientierung darüber zu geben, über das eigene Tätigsein – gegenwärtige und gewünschte Tätigkeiten – nachzudenken. Dieses Nachdenken soll helfen, die eigenen Ressourcen und die Ressourcen des Umfeldes zu entdecken und kreativ für sich zu nutzen und auszuschöpfen, um so die richtige, persönlich ausfüllende und gesundheitsförderliche Tätigkeit zu erschaffen.

Vom Umgang mit Zeit

Der Wegfall *fremd*bestimmter Zeitnutzung erhöht also nicht automatisch den Anteil *selbst*bestimmter Zeitnutzung. Oder anders gesagt: Zeit so zu nutzen, dass man sich wohl fühlt, dass Bedürfnisse nach Anerkennung und sozialem Kontakt, nach Sinn und persönlicher Weiterentwicklung erfüllt werden und die eigene Gesundheit und Entwicklung unterstützt wird, das ist nicht immer einfach.

Wenn die bislang von außen bestimmten Routinen wegfallen, weil man zum Beispiel nicht mehr arbeitet, kann das einen ständigen Entscheidungsstress zur Folge haben. Man müsste mal, man sollte mal oder man könnte jetzt doch die Dinge tun, die man schon immer tun wollte. Zeitautonomie zu haben und sich selbst Zeiten von Anstrengung und Ruhe, Herausforderung und Genuss, Kontakten und Alleinsein zu schaffen erfordert eine gute Organisation und Fähigkeiten wie Planung und Koordination. Viele Menschen empfinden es deshalb als hilfreich, bewusst darauf zu achten, regelmäßige Muster und Gewohnheiten in ihrem Alltag einzurichten.

Die eigenen Erfahrungen im Umgang mit Zeit und der Austausch darüber mit anderen können im Umgang mit Zeit hilfreich sein. In verschiedenen Lebensphasen und Situationen gibt es spezifische Anforderungen am Umgang mit Zeit. So ist es manchmal gerade für Menschen mit einem wechselnden psychischen Gesundheitszustand gut, die richtige Mischung aus flexiblen und festen Zeitstrukturen zu haben, die dem aktuellen Befinden angepasst werden können. Es gilt, das persönlich richtige Maß an Zeitstruktur zu finden bzw. zu entwickeln, indem sowohl strukturierte Zeit als auch nicht strukturierte Zeit ihre Bedeutung haben. Welcher Rhythmus im Leben einem liegt und welche Gewohnheiten und Formen von Tätigkeiten beim täglichen Erleben der Zeit helfen, muss durch praktische Erfahrungen immer wieder neu festgelegt werden. Tätigkeiten können beim befriedigenden Umgang mit Zeit jedoch eine entscheidende Rolle spielen und viel zum Wohlbefinden beitragen. Sich Zeiten für selbstgewählte, verpflichtende Tätigkeiten und Zeiten für freie Tätigkeiten einzuteilen kann hilfreich sein. Das folgende Beispiel erzählt von Helmut, der für sich eine Tätigkeit gefunden hat, die für ihn die ideale Mischung aus Verpflichtung und Flexibilität bereitstellt und die ihm Neues ermöglicht.

Helmut engagiert sich seit seinen ersten Psychiatrieaufenthalten im Verein Psychiatrie-Erfahrener seines Wohnortes. Er möchte etwas verändern und ist in mehreren Arbeitskreisen aktiv. Die politische Arbeit, die er dort leistet, ist ein wichtiger Teil seines Lebens. Mehr oder weniger zufällig ist Helmut dort jedoch noch in eine ganz andere Tätigkeit »hineingerutscht«, die er inzwischen allerdings als einen für sich ebenso wichtigen Job bezeichnet. Um nämlich das wöchentlich stattfindende Samstagsfrühstück vor dem Aussterben zu retten, hat Helmut sich bereit erklärt, das hierfür nötige Einkaufen regelmäßig zu übernehmen. Nicht weil er sich ursprünglich um das Einkaufen gerissen hätte, sondern weil er das Samstagsfrühstück als eine wichtige Institution für seine politische Arbeit empfindet. Hier kann er mit der Basis in Kontakt kommen und außerdem haben ihn die ewigen Diskussionen um das Einkaufengehen »genervt«. Helmut ist ein Mensch, der sich nicht gern von anderen bestimmen lässt. Jetzt ist er »der Einkäufer« und kauft jede Woche für den kommenden Samstag ein. In seinem Job als Einkäufer hat er freie Hand und genießt das Vertrauen der

anderen. Sie wissen, sie können sich auf ihn verlassen. Er wird erscheinen und er geht sorgsam mit ihrem Geld um.
Wenn Helmut mal nicht so gut drauf ist und erst in letzter Minute im Supermarkt um die Ecke war, haben die anderen Vereinsmitglieder, die zum Frühstück kommen, Verständnis. Das hindert sie allerdings nicht daran, ihren Unmut über die eingeschränkte Auswahl des Angebotes zu äußern. Für Helmut ist dies genau richtig: Er braucht das. Es erinnert ihn daran, dass er Verantwortung übernommen hat, dass andere von ihm und seiner Leistung abhängig sind. Helmut weiß, dass auch er murren würde, wenn es mehrere Samstage hintereinander das gleiche eintönige Angebot gebe. Der Gedanke an die Verantwortung, die er übernommen hat, hilft ihm oft, sich nicht hängen zu lassen und sich aufzuraffen.
Wenn es Helmut gut geht, wird er zum Einkaufsspezialisten. Inzwischen liest er die Werbeprospekte mit den Wochenangeboten der großen Supermärkte, vergleicht, rechnet nach und macht sich einen Plan. Mit seinem Fahrrad fährt er die großen Supermärkte in den Gewerbegebieten außerhalb der Stadt ab. Manchmal nur um einen einzigen Artikel zu besorgen. Das hat dem Samstagsfrühstück trotz knappem Budget schon manches »Extra« verschafft. Helmut hätte nicht gedacht, dass man beim Einkaufen regelrecht Jagdfieber entwickeln kann, aber die Freude über einen günstigen Einkauf und die anerkennende Wertschätzung der anderen, wie gut er mit dem knappen Geld haushalten kann, bedeuten ihm viel und helfen ihm manches Mal aus dem Bett.
Helmut ist auch schon einmal in die Stadtbücherei gefahren, da man dort die Tageszeitung lesen kann. Leider enthält die dortige Zeitung nur die inserierten Werbeanzeigen und die beiliegenden Prospekte fehlen. Helmut hat zudem überlegt, ob es Sinn macht, sich für die wöchentlichen Sonderangebote ins Internet einzuarbeiten. Aber er mag die Jagd auf die Prospekte, das Ausschneiden, Anstreichen und Neuanordnen einzelner Produkte, wenn er seinen Einkaufsplan zusammenstellt. Letztens hat Helmut seinen

Nachbarn, der die Tageszeitung abonniert hat, angesprochen und bekommt jetzt regelmäßig die Werbebeilagen in den Briefkasten gesteckt.

Mit seiner Tätigkeit als Einkäufer hat Helmut für sich die ideale Tätigkeit gefunden. Am wichtigsten ist ihm die Mischung aus Verpflichtung und Flexibilität, die die Tätigkeit enthält. Da Helmut sich schnell unter Druck gesetzt fühlt, kommt eine regelmäßige Tätigkeit mit vorgegebenen Strukturen für ihn nicht in Frage. In seinem Job als Einkäufer hat er jedoch genug Freiheit, seine Arbeitszeit nach seinen Ideen, seiner Motivation und seinem momentanen Gesundheitszustand zu gestalten und diesem anzupassen. Zwar bestimmt allein er den Umfang seiner Arbeitszeit, den er in der Woche mit dieser Tätigkeit verbringt, gleichzeitig ist jedoch eine Mindestanforderung klar: Am Samstag müssen Lebensmittel auf dem Tisch stehen und Helmut muss rechtzeitig und zuverlässig alles organisieren. Er wird erwartet.

Was Helmut noch schätzt an seiner Arbeit, ist die Rückmeldung der anderen Frühstücksbesucher. Sie sind froh, dass Helmut das regelmäßige Einkaufen übernommen hat, und dafür erhält er die Auszeichnung »der Einkaufsexperte«. Helmut bekommt Anerkennung für seine Anstrengungen und konkrete Rückmeldung über seine Leistung. Sie freuen sich, wenn es mal etwas Außergewöhnliches gibt, und kritisieren, wenn er nicht viel herbeigeschafft hat. Obwohl Helmut diese Tätigkeit ursprünglich aus anderen Motiven aufgenommen hat, steht für ihn inzwischen das Verpflichtende und der Arbeitscharakter an dieser Tätigkeit im Mittelpunkt. Der Job als Einkäufer fordert andere Fähigkeiten heraus. Zusammen mit seinem politischen Engagement hat er jetzt den für sich idealen Ausgleich gefunden: In der einen Tätigkeit steht das persönliche Interesse im Mittelpunkt und in der anderen die Herausforderung.

Einige Dinge, die wir tun, haben eine besondere Bedeutung für uns. Es sind Tätigkeiten, die etwas in uns verknüpfen und mit denen wir etwas verbinden. Wenn man Menschen fragt, welche Dinge sie ganz besonders gern machen, haben die genannten Tätigkeiten häufig Verbindungen zu früheren Erfahrungen, und zwar sogar über mehrere Lebensphasen hinweg. Manchmal kann man sogar in dem, was man als Kind gern getan hat, Anfänge für das sehen, was später zu einer Lieblingsbeschäftigung wurde. Die positiven Erinnerungen an eine frühere Tätigkeit, die guten Erfahrungen und Gefühle, die mit ihr verbunden waren und werden, sind der Grund, eine Tätigkeit auch über verschiedene Lebensphasen beizubehalten. Sie sind ein guter Anlass, eine solche oder zumindest ähnliche Tätigkeit nach langer Zeit wieder aufleben zu lassen. Das kann zum Beispiel die Erinnerung an das gemeinsame Arbeiten mit der Großmutter im Garten sein, das den Grundstein für die jetzige Pflanzenliebe und »den grünen Daumen« gelegt hat, und das jetzt dazu führt, sich eine Tätigkeit zu suchen, die mit Pflanzen zu tun hat.

In unserer Alltagssprache weist der etwas altmodische Begriff »ein Steckenpferd zu haben« auf diese lebensübergreifenden Verbindungen hin. Wir benutzen diesen Ausdruck, wenn jemand eine Sache besonders gern macht und sie irgendwie zu seiner Person gehört.

Ein Steckenpferd ist eigentlich ein Kinderspielzeug, mit dem sich Kinder im Spiel zu stolzen Pferdebesitzern verwandelt haben. Der Begriff wurde jedoch später auch als Umschreibung für eine besondere, persönlich bedeutsame Tätigkeit verwandt. Er knüpft damit an ein ähnliches Aufgehen in einer Tätigkeit an, wie es Kinder im Spiel tun. Wenn jemand ein »Steckenpferd« hat, kann das ein Hobby sein, ein besonderes Interesse an einem Thema oder ein Engagement für eine bestimmte Sache. Es ist einfach etwas, was eine bestimmte Person gern macht und was auch andere als zu ihr gehörend ansehen. Eine solche Tätigkeit wird als besonders sinnvoll empfunden und kann für das eigene Leben und Wohlbefinden sehr wertvoll sein.

Im Leben mancher Menschen bilden solche persönlich bedeutsamen Tätigkeiten so etwas wie einen roten Faden. Sie begleiten uns die ganze Lebensspanne und stellen einen persönlichen Zusammenhang her. Auch wenn sie im Laufe des Lebens und in verschiedenen Lebensphasen in ihrer Bedeutung wechseln können, ermöglichen solche Tätigkeiten einen besonderen persönlichen Sinn. Sie tragen viel zum Wohlbefinden und zur Lebenszufriedenheit bei. In manchen Situationen funktionieren sie als eine Art »Klebstoff«, sie erhalten etwas oder bringen etwas zusammen und werden deshalb als besonders sinnvoll erlebt. Von Friedrich Hebbel ist das Zitat bekannt: »Das Steckenpferd ist das einzige Pferd, das über jeden Abgrund trägt.«

Solche Lieblingsbeschäftigungen zu finden oder wieder zu finden gibt unserem Tätigsein eine besondere Bedeutung. Sie ermöglichen einen besonderen Sinn, weil solche Tätigkeiten in unserem Tun so etwas wie Kontinuität und einen persönlichen Zusammenhang herstellen. Für Menschen, die auf Grund psychischer Krisen vielfach Brüche und Verluste auf verschiedenen Ebenen erlebt haben, können diese Tätigkeiten eine besondere Wichtigkeit haben und die Lebensqualität steigern.

Für Bernd ist das Schwimmen so eine Tätigkeit. Als Jugendlicher war er ein aktiver Schwimmer. Und Schwimmen war vor seiner ersten psychotischen Krise ein wichtiger Teil seines Lebens. Er hat an vielen Wettkämpfen teilgenommen und im Training den Wettkampf mit sich selbst genossen, wenn er wieder einmal eine persönliche Bestzeit schwamm. Beim Schwimmen stand für ihn die Faszination am Wettbewerb im Vordergrund. Der Wettbewerbscharakter allerdings hat heute seine Wichtigkeit für ihn verloren. Heute schwimmt er, um etwas für seine körperliche Gesundheit und sein Wohlbefinden zu tun. Gerade weil Bernd starker Raucher ist und sich auch nicht immer gesund genug ernährt, wie er findet, gibt es ihm ein gutes Gefühl, etwas für seinen Körper zu tun.

Bernd geht einmal die Woche schwimmen. Es macht ihn stolz, sagen zu können, er treibe regelmäßig Sport. Wer schafft das schon? Für Bernd war es das Anknüpfen an diese besondere Tätigkeit, die ihm damals so wichtig und vertraut war, was ihn ermutigt hat, das Schwimmen wieder aufzunehmen. Gerade zu Beginn war es nicht immer einfach, aber der starke Wunsch, wieder etwas zu machen, worin er sich damals so stark und wohl gefühlt hat, hat Bernd, zusammen mit der Unterstützung von anderen, geholfen, seine Ängste zu überwinden.

Fragen zur Selbstreflexion können sein:

- Was habe ich früher gern gemacht und womit habe ich viel Zeit verbracht?
- An welche Tätigkeiten habe ich gute Erinnerungen? Was würde ich gern mal wieder machen?
- War mir früher ein bestimmtes Hobby oder Interesse wichtig?
- Gibt es in meinem Leben besondere Tätigkeiten, die mich durch verschiedene Phasen meines Lebens begleitet haben?

Ein »Projekt« haben

Viele Menschen haben ganz bestimmte Dinge, für die sie ein besonderes Interesse entwickeln und die sie über einen bestimmten Zeitraum verfolgen. Wenn sie davon erzählen, beschreiben sie diese Tätigkeit als »mein persönliches Projekt« oder sagen: »Im Moment arbeite ich an ...« Es sind Tätigkeiten, die ihnen persönlich wichtig und wertvoll geworden sind und durch die sie in einem bestimmten Zeitraum an einer Sache arbeiten.

Für solche persönlichen Projekte gibt es viele Beispiele. Sie sind unterschiedlich groß, dauern unterschiedlich lange und gehen manchmal in ein neues Projekt über. Sie können zu einem Hobby werden oder in eine ehrenamtliche Tätigkeit führen. Ein solches persönliches Projekt kann eine eigene Website sein, die immer weiter ausgefeilt wird, oder einen ganzen Monat lang jeden Tag ein Foto an derselben Stelle aufzunehmen, es kann ein Interesse sein, sich in ein bestimmtes Thema einzuarbeiten, alle 10.000 Teile eines Puzzles zusammenzufügen oder einen Text einer bestimmten Rockband ins Deutsche zu übersetzen. Häufig ist es auch ein handwerkliches Projekt, wie einen alten Stuhl aufzuarbeiten, ein Stickbild herzustellen oder ein defektes Fahrrad zu reparieren.

So unterschiedlich solche persönlichen Projekte auch sind, sie haben alle etwas gemeinsam: Sie haben ein bestimmtes Ziel, das am Ende stehen soll, und sie funktionieren am besten, wenn sie ein persönliches Interesse enthalten. Sie bieten eine selbstgewählte Herausforderung und schaffen einen bestimmten Rahmen für das eigene Tätigsein. Dabei kann die Zeit, die für das Projekt aufgewandt wird, selbst bestimmt und flexibel eingeteilt werden.

In solchen Tätigkeiten ist klar, welche Aufgaben anliegen und welche Schritte nötig sind, um zum Ergebnis zu kommen. Man weiß, was am Ende stehen soll und was man schaffen möchte. Es ist deutlich, wann das Projekt beendet ist, und der Erfolg kann ausgewertet werden. Das kann sehr hilfreich sein.

Eine selbst gewählte Verpflichtung zu haben ist eine Arbeit, die darauf wartet, vollendet zu werden. Es gibt eine Vorstellung, eine bestimmte Sache, die am Ende stehen soll, etwas, was man erreichen möchte.

Solche Projekte sind unterschiedlich im Zeitumfang. Oft steht ein kleines Projekt am Anfang, aus dem sich nach und nach das nächste Ziel, das nächste Projekt und vielleicht am Ende ein besonderes Interesse für eine Sache oder ein Hobby entwickelt hat. Ein Hobby entsteht, indem man sich über einen längeren Zeitraum mit einer Sache beschäftigt, die einem etwas bedeutet. Es kann aus vielen kleinen Projekten entstehen, die man für sich ausprobiert hat.

Die wichtigste Sache ist jedoch, dass ein *persönliches* Interesse am Anfang stand. Nur etwas, das mit mir, mit meinem eigenen Interesse an einer Sache zu tun hat, macht es zu meinem »Projekt«, zu einer Sache, mit der ich mich identifiziere und die mich motiviert »am Ball zu bleiben« und mein Ziel zu erreichen.

Persönliche Projekte sind weder »Leichen«, die man noch im »Keller« hat, noch folgen sie dem Prinzip: »Eigentlich sollte ich mal …« Sie beruhen auf einem wirklich eigenen Interesse und einem Ziel, das man *gern* erreichen möchte. Weil man sich die Zeit, die man damit verbringt, frei einteilen kann, braucht man eine Arbeit, die wirklich auf einen »wartet«, weil sie einem persönlich wichtig ist. Das hilft auch Durststrecken in dieser Tätigkeit zu überwinden, um so die eigenen Fähigkeiten zu erweitern und spüren zu können.

Menschen mit psychischen Erkrankungen beschreiben häufig Tätigkeiten, in denen sie auf eine Sache hinarbeiten können und die ihnen helfen, zielgerichtet zu sein, als sehr hilfreich und sinnvoll. Wenn man lange nichts mehr getan hat oder bisher keine Zeit für ein eigenes Interesse hatte, ist es gut, darauf zu achten, zunächst mit kleinen Projekten zu beginnen und sich etwas Erreichbares vorzunehmen. Manchmal kann es zusätzlich helfen, bestimmte Zeiten in den eigenen Tages- oder Wochenablauf einzuplanen, in denen man sich seinem Projekt widmet. Oder man »verpflichtet« sich, indem man anderen von seinem Vorhaben erzählt.

Fragen zur Selbstreflexion können sein:

- Welche aktuellen persönlichen Projekte haben Menschen, die ich kenne – unter meinen Freunden und Bekannten, in meiner Familie?
- Wie haben sie ihr Projekt gefunden und was macht ihnen Spaß daran?

- Was war ein richtig gutes Projekt, das ich einmal durchgeführt habe?

Das folgende Beispiel von Sabine erzählt, wie so ein persönliches Projekt beginnen kann.

Sabine hat sich schon immer für Korea interessiert. Sie weiß selbst nicht mehr genau, wie dieses Interesse entstanden ist. Vielleicht sind es die Pandabären, die sie schon als Kind so süß fand und die so bedroht sind. Sabine mag es, Blumen und Zweige in einer Vase ästhetisch anzuordnen. Ihr gefällt der Gedanke, dass eine ästhetische Anordnung der Umgebung eine bestimmte Wirkung auf die Menschen haben kann und solche Dinge eben eine bestimmte Bedeutung haben. Faszinierend findet sie die Ruhe, die die asiatische Teezeremonie ausstrahlt. Eine solche Ruhe hätte sie gern für sich. Neulich haben sie und andere im Kontaktcafé, das Sabine manchmal besucht, beschlossen, mal etwas Ausländisches zu kochen und eine internationale Woche anzubieten. Sabine hat sich lieber zurückgehalten und die anderen nach Ideen suchen lassen, aber ihr ist ihr Interesse für Korea wieder eingefallen. Dass in derselben Woche im Radio bei Sabines Lieblingssender ein Kochbuch *Koreanisch Kochen* vorgestellt wurde, das auch für Anfänger geeignet sei, hat Sabine den letzten Anstoß gegeben. Sabine hat sich vorgenommen, sich das Buch einmal anzuschauen und für sich ein Gericht auszuprobieren.

Leider ist das Buch doch etwas zu teuer, aber vielleicht findet sie es ja in der Bücherei. Den koreanischen Autor hat sie sich jetzt jedenfalls in der Buchhandlung aufgeschrieben und war hinterher stolz auf sich. Die Asienecke in der Buchhandlung hat sie beeindruckt, aber sie hat sich nicht getraut, länger zu bleiben, ohne etwas zu kaufen. Trotzdem, so ein Kalligraphie- oder Origami-Kurs an der VHS würde sie interessieren. Vielleicht haben sie ja auch dazu in der Bücherei Bücher.

Tätigkeiten werden als sinnvoll empfunden, wenn sich mit ihnen eine Zukunft verbinden und vorstellen lässt. In einer Studie, in der dänische Psychiatrie-Erfahrene berichten, welche Tätigkeiten sie für sich als persönlich sinnvoll erleben (Havelsoe/Josephsson 2003), empfanden viele ihr Leben mit der Erkrankung als konstante und tägliche Herausforderung und hatten eingeschränkte Erwartungen bezüglich der Zukunft. Sie erzählten, dass oft viel Energie für das Bewältigen täglicher Aufgaben benötigt würde. Wenn sie jedoch Tätigkeiten beschreiben, die ihnen persönlich wichtig sind, entschlüpfte ihnen oft spontan ein Bild der Zukunft, die mit diesen Tätigkeiten verbunden waren. Diese Beschreibungen waren darauf ausgerichtet, was die Tätigkeiten zu ihrem zukünftigen Leben beitragen könnten und wie sie von ihren Tätigkeiten profitieren, auch wenn es sich oft nur um kleine Veränderungen handelte. Für die eigene Motivation scheint es wichtig zu sein, sich ein Bild von sich »als Tätiger« in dieser Beschäftigung machen zu können.

Man kann sich so ein Motivationsbild auch ganz konkret anfertigen, indem man mit einem Foto von sich eine Collage erstellt, in der man sich in dieser Tätigkeit sieht. Eine solche Vorstellung von sich in einer gewünschten Tätigkeit zu haben kann helfen, Schwierigkeiten zu überwinden.

Fragen zur Selbstreflexion können sein:

- Welche Tätigkeiten haben eine Verbindung zu meinen heimlichen Träumen?
- Welche Tätigkeiten sind ein Schritt dahin? Kann ich mir ein Bild davon machen: ich, zwei Jahre später, in dieser Tätigkeit?
- Kann ich mir vorstellen, diese Tätigkeit auch in meinem zukünftigen Leben auszuführen?
- Was möchte ich gern können? Was kann ich in einer bestimmten Tätigkeit lernen?

Die ganz besonderen Erlebnisse suchen ...

Manchmal sind Menschen ganz von einer Sache, mit der sie sich beschäftigen, eingenommen. Sie vergessen Zeit und Raum und gehen ganz in dem auf, was sie gerade tun. Sie können durch diese Tätigkeit völlig »abschalten«, wie sie sagen. Eine Tätigkeit »flutscht« uns von der Hand und »läuft« einfach, ein Thema hat uns »gepackt«, eine Aufgabe »gefangen« genommen. Manche Menschen haben dieses Hochgefühl, wenn sie etwas reparieren, auf das sie völlig konzentriert sind, wenn sie Sport machen oder Wandern, wenn sie eine Patience legen oder an einem Rätsel knobeln, wenn sie sich zur Musik bewegen oder im Garten arbeiten, wenn sie ein Bild malen oder wenn sie basteln.

Für diese besondere Erfahrung des völligen Aufgehens in einer Tätigkeit, bei der man alles um sich herum vergisst, hat der amerikanische Psychologe M. Csikszentmihalyi (1992) den Begriff »Flow« geprägt, den er vom Gefühl des »Fließens« abgeleitet hat. Eine solche Erfahrung ist mit Gefühlen von Befriedigung, Freude und Vergnügen verbunden. Solche Erlebnisse im Handeln sind wertvoll für das persönliche Wohlbefinden und für die eigene Zufriedenheit. Csikszentmihalyi hat herausgefunden, dass solche Tätigkeiten und Momente ganz bestimmte Merkmale aufweisen:

Die Aufgabe entspricht genau unseren Fähigkeiten: Bei einem Flow-Erlebnis stehen die Herausforderung und unsere Fähigkeiten genau im richtigen Verhältnis. Die Aufgabe darf weder zu einfach noch zu schwierig sein. Sie muss so sein, dass man sie gerade noch schafft. Man wird von der Tätigkeit herausgefordert, aber man kann sie meistern. Sie ist weder zu einfach und langweilt noch löst sie Gefühle von Überforderung aus. Das, was man vorhat, trifft genau die eigenen Fähigkeiten und fordert sie heraus.

Die Tätigkeit beinhaltet unmittelbare Rückmeldungen über das Tun: Ein weiteres Merkmal solcher Tätigkeiten ist, dass man während des Tuns eine Rückmeldung bekommt und Ziele und Aufgaben klar sind. Man bekommt umgehend ein Feedback, ob etwas funktioniert oder nicht, ob eine Idee richtig oder falsch ist, ob etwas möglich ist oder nicht. Dadurch kann man das eigene Tun immer wieder korrigieren und neu ausrichten, sodass zum Beispiel eine Lösung für ein technisches Problem gefunden, ein neuer Tanzschritt verinnerlicht oder eine treffendere Formulierung gefunden werden kann.

Man setzt sich intensiv mit der Aufgabe auseinander: Wenn man im »Flow« ist, vergisst man alles um sich herum und richtet seine ganze Aufmerksamkeit auf das, was man tut. Sich so intensiv mit einer Sache auseinander zu setzen erfordert ein gewisses Maß an Anstrengung, das heißt, ein gewisser Grad an Energie muss zunächst aufgebracht werden. Deshalb gelten passive Tätigkeiten wie Fernsehen als flow-feindlich. Häufig werden Flow-Erlebnisse durch Bewegung oder bei Tätigkeiten, die uns geistig herausfordern, erlebt.

Tätigkeiten, in die man sich völlig vertiefen kann und in denen man einfach weiß, was zu tun ist, unterstützen positive Gefühle, auch zu sich selbst. Sie tragen zum Wohlbefinden bei und können die eigene Gesundheit und Lebensqualität unterstützen. Es sind Tätigkeiten, deren Wert nicht so sehr in äußeren Dingen liegt, sondern denen ein besonderer Wert »innewohnt« für denjenigen, der sie tut. Sie können sogar völlig sinnlos sein, sie machen einfach Spaß im Tun und lassen uns alles um uns herum vergessen.

Fragen zur Selbstreflexion können sein:

- Welche Tätigkeit hat mich einmal so eingenommen, dass ich alles um mich herum vergessen habe und irgendwann wieder aufgetaucht bin?
- Wie habe ich diese Tätigkeit gefunden?
- Was war das Besondere an dieser Tätigkeit? Was macht mir Spaß an dieser Tätigkeit?

- Welche Tätigkeit geht mir leicht von der Hand? Bei welcher Tätigkeit habe ich das Gefühl, alles im Griff zu haben?
- Wann vergeht die Zeit wie im Fluge? Was habe ich dann gerade getan?
- Bei welchen Tätigkeiten kann ich abschalten und entspannen?
- Bei welcher Tätigkeit habe ich ein gutes Gefühl, unmittelbar wenn ich sie ausführe?
- Wann habe ich einfach Spaß im Tun gehabt? Welche Beschäftigung war das?
- Wie ist das bei anderen? Bei welchen Tätigkeiten können sie alles um sich herum vergessen?

Werte, Gefühle, Ressourcen

Beispiele für Tätigkeiten, die wir als sinnlos empfinden, fallen uns viele ein. Wenn dagegen eine Tätigkeit die eigenen Werte trifft, wird sie als besonders sinnvoll empfunden. Vorlieben und Werte sind eng damit verbunden, wer man ist und was man gern mag. Sie gehören zu einem selbst und sind Teil der eigenen Persönlichkeit. Tätigkeiten, die mit den eigenen Werten zu tun haben, unterstützen die Identität und werden als sinnstiftend empfunden. Für den einen kann es wichtig sein, im kirchlichen Bastelkreis mitzumachen, der andere arbeitet lieber politisch oder aber empfindet es als wichtig, sich persönlich weiterzubilden oder seine Erfahrungen in einer Selbsthilfegruppe anderen weiterzugeben.

Fragen zur Selbstreflexion können sein:

- Welche Dinge sind mir wirklich wichtig?
- Was sind für mich wertvolle Tätigkeiten?
- Was finde ich unterstützenswert, wofür kann ich mir vorstellen, mich zu engagieren?
- Welche Tätigkeiten passen besonders zu meinen persönlichen Werten und Vorlieben?
- Welche Aufgaben oder Dinge können mich verpflichten? Wofür übernehme ich Verantwortung?

Ebenso wie Tätigkeiten, die einen Zusammenhang schaffen, werden auch Tätigkeiten als persönlich sinnvoll und befriedigend erlebt, die das eigene Gefühl von Selbstbestimmtheit unterstützen. Viele Menschen mit psychischen Krisen beschreiben jene Tätigkeiten als besonders wichtig für sich, in denen sie sich früher im Leben als eigenständig und unabhängig erlebt haben. Deshalb können zum Beispiel Tätigkeiten als besonders wertvoll empfunden werden, die bestimmte eigene Fähigkeiten herausfordern, um einen weiteren Schritt der Unabhängigkeit zu erreichen. Es können auch Tätigkeiten sein, bei denen es möglich ist, Menschen zu treffen, die nichts mit dem Psychiatriesystem zu tun haben, oder welche, die eine Verbindung zur »Normalität« darstellen. Andere empfinden es für sich persönlich als besonders sinnvoll und fühlen sich dann autonom, wenn sie sich gerade dort engagieren, wo sie sich für die Veränderung des Systems einsetzen können, oder in Selbsthilfegruppen Aufklärungsarbeit leisten und ihre Erfahrungen weitergeben. Es geht also immer um das eigene Handlungserleben.

Fragen zur Selbstreflexion können sein:

- Bei welchen Tätigkeiten oder Hobbys habe ich mich früher als stark und kraftvoll erlebt?
- Bei welchen Dingen, die ich tue, fühle ich mich besonders selbstständig?
- Bei welchen Tätigkeiten habe ich das Gefühl, die Kontrolle zu haben?
- Welche Tätigkeiten haben eine Verbindung zu dem, was ich einmal tun möchte?
- Mit welchen Tätigkeiten verbinde ich Selbstständigkeit?
- Welche meiner Fähigkeiten möchte ich gern erweitern?

Viele Tätigkeiten beinhalten ein hohes Potenzial an Strukturiertheit, können die eigene Gesundheit unterstützen oder sind mit einem besonderen persönlichen Gewinn verbunden. Es kann hilfreich sein, Tätigkeiten, die den eigenen Interessen entsprechen, auch daraufhin zu untersuchen, ob sie darüber hinaus auch noch aus anderen Gründen persönlich wertvoll erscheinen. Solche anderen Gründe sind immer individuell zu sehen. Für den einen liegt ein zusätzlicher Wert darin, welche Unterstützung die Tätigkeit für die eigene Zeitstruktur bietet, zum Beispiel ob sie mit einem regelmäßigen Rhythmus verbunden ist. Für den anderen ist es gerade wichtig, dass die Tätigkeit zeitlich flexibel eingeteilt werden kann, aber dennoch eine angemessene Verpflichtung enthält (siehe das Beispiel von Helmut). Oder es ist der soziale Kontakt, den eine bestimmte Tätigkeit herausfordert und eigene Fähigkeiten zu entwickeln ermöglicht.

Das folgende Beispiel soll verdeutlichen, welche Möglichkeiten an persönlicher Unterstützung Tätigkeiten bieten können, wenn sie genau auf die Person zugeschnitten sind und auf einem eigenen Interesse beruhen.

Maria hat einen »Teilzeithund«, er heißt Eddi und gehört eigentlich Marias Freundin. Jeden Morgen, wenn Marias Freundin zur Arbeit geht, bringt sie ihr den Hund vorbei. Maria hat Hunde schon immer gemocht. Einen eigenen Hund zu besitzen und für ihn zu sorgen gehört zu ihren geheimen Wünschen. Sie hat es sich jedoch bisher nie vorstellen und »erlauben« können, da sie mit der Verantwortung für sich und ihre Wohnung selbst genug beschäftigt ist. An manchen Tagen braucht Maria einfach viel Energie, um ihren Alltag zu bewältigen. Sie lebt allein, worauf sie sehr stolz ist.

Ihrer arbeitenden Freundin eine Art »Tagespflegestelle« für den Hund zu bieten ist für Maria wichtig. Für beide, für Maria und ihre Freundin, bietet das Arrangement viele Vorteile. Dass ihre Freundin ihr den Hund früh morgens vorbeibringt, bietet Maria einen Anlass, aufzustehen und ihren Tagen einen Rhythmus zu geben. Sie kann sich nicht »gehen lassen«, wie sie sagt, denn sie muss das Haus verlassen, da Eddi, der Hund, sein Recht fordert. Dafür muss sie sich anziehen und einigermaßen gepflegt aussehen. Beim Spazierengehen kommt Maria manchmal mit anderen Hundebesitzern in Kontakt.

Maria fühlt sich gebraucht. Da auch ihre Freundin allein lebt, aber seit ihrer Scheidung in Vollzeit arbeitet, ist sie darauf angewiesen, eine »Tagespflegestelle« für ihren Hund zu haben – und sie kann so auch etwas für Maria tun.

Maria bekommt Anerkennung. In ihrer Tätigkeit und für ihre Tätigkeit. In ihrer Tätigkeit ist es hauptsächlich Eddi selbst, der ihr Anerkennung und Rückmeldung gibt. Eddi liebt sie bedingungslos und mit seinem ganzen Wesen. Was sie für Eddi tun muss, um seine Zuwendung zu bekommen und seine Freude zu sehen, ist nicht schwer. Maria fühlt sich dem gewachsen. Anerkennung für ihre Tätigkeit bekommt sie auch von ihrer Freundin, die ihr dankbar ist, dass sie sich tagsüber um Eddi kümmert, und der Maria auf diesem Weg auch etwas für ihre Unterstützung zurückgeben kann.

Für jemanden zu sorgen ist etwas, was Maria gern macht. Es hat mit ihrem Leben zu tun. Bevor sie erkrankt ist, hat sie eine Ausbildung als Krankenschwester absolviert und auch in diesem Beruf gearbeitet. Im Moment kann sie sich nicht vorstellen, für eine andere Person zu sorgen. Soziale Kontakte setzen sie schnell unter Stress, obwohl sie sie sich noch mehr wünscht. Eddi ist anspruchslos und er fordert, was er will. Er gibt ihr das Gefühl, dazuzugehören. Wenn sie mit Eddi spazieren geht, ist sie eine Hundebesitzerin, und einen Hund auszuführen ist eine normale Tätigkeit. Das ist wichtig für Maria.

Die Tätigkeit, die Maria mit Hilfe ihrer Freundin gefunden hat, hat für Maria ihre Hauptbedeutung in dem regelmäßigen Rhythmus, den sie durch sie findet. Maria empfindet es als optimal, dass die Tätigkeit sozusagen »zu ihr ins Haus kommt«. Damit kann sie dem Problem, dass sie oft Schwierigkeiten hat, eine Sache zu beginnen und morgens aufzustehen, trickreich begegnen. Klingelt es morgens an der Haustür, muss Maria aufstehen, da es ihr wichtig ist, dass ihre Freundin nicht ihretwegen zu spät zur Arbeit kommt. Maria nutzt gewissermaßen den Arbeitsrhythmus ihrer Freundin als Ressource, um ihren Tag zu beginnen. Wenn Marias Aufgabe, der zu betreuende Hund, erst einmal in ihrer Wohnung ist, ist Maria sozusagen schon mitten in der Tätigkeit als Hundebesitzerin. Es gibt keine großen Entscheidungen mehr zu treffen, sie ist mitten in der Handlung und weiß, was sie in ihrer Rolle als Hundebesitzerin zu tun hat, damit es Eddi gut geht. Ein weiterer Wert liegt für Maria darin, dass sie einen täglichen Grund hat, ihre Wohnung zu verlassen. Dazu führt Maria eine Tätigkeit aus, mit der sie Normalität verbindet, mit der sie sich zugehörig fühlt und die mit ihren Wünschen und zukünftigen Plänen sowie ihrem bisherigen Leben zu tun hat. Eine Tätigkeit, für die sie von verschiedenen Seiten Anerkennung bekommt, die ihr kurze Kontakte ermöglicht und die auch für andere einen Wert besitzt.

Fragen zur Selbstreflexion können sein:

- Was hilft mir, eine Sache zu beginnen?
- Welche Tricks könnte ich nutzen?
- Was ist mir wichtig?
- Was würde ich gern verändern?

Schwierigkeiten zu beginnen?

Manchmal sind es nicht nur die Informationen, die fehlen. Man weiß zwar, dass man etwas tun möchte, aber nicht, wie und wo man anfangen kann, um diesen Wunsch umzusetzen. Manche Menschen sind auch aus der Übung gekommen, sich etwas zuzutrauen oder Dinge zu beginnen. Gespräche mit anderen und ihre Erfahrungen mit dem Tätigsein können hilfreich sein, Ideen zu entwickeln und erste Schritt zu überlegen. Gespräche können Mut machen. Manchmal braucht es eine Anregung von außen, um sich an die eigenen Interessen zu erinnern. Ein Gespräch mit Menschen, die uns kennen und die einem gut tun, kann helfen, sich über die eigenen Stärken und Fähigkeiten bewusst zu werden.

Fragen zur Selbstreflexion können sein:

- Was hat mir bisher geholfen, Dinge anzufangen?
- Mit wem kann ich über dieses Thema reden? Wer tut mir gut und unterstützt mich in meinen Plänen? Mit wem komme ich gut ins Tun?
- Gibt es in meinem Bekanntenkreis oder meiner Familie jemanden, der für sich so eine sinnvolle Tätigkeit gefunden hat? Wie hat er oder sie das geschafft? Was war der erste Schritt?
- Kenne ich jemanden, mit dem ich mich zusammentun kann, der oder die sich auch eine Tätigkeit suchen möchte?
- Gibt es in meinem Bekanntenkreis oder in meiner Familie jemanden, der etwas macht, was mich auch interessiert?

Auch für eine nicht bezahlte Tätigkeit kann man sich ähnlich einer Berufsberatung eine »Tätigkeitsberatung« suchen. Das kann eine professionelle Beratung, wie zum Beispiel ambulante Ergotherapie sein, aber es können auch Gespräche mit Menschen aus dem privaten Umkreis sein oder Menschen, die Erfahrung haben, wie man die für sich maßgeschneiderte Tätigkeit findet. Gute Anlaufstellen für solche »Beratungen« sind Personen, die sich in bestimmten Tätigkeitsfeldern wie in der Kirchengemeinde, im Bildungs- oder Sportverein oder im Stadtteilzentrum auskennen. Warum nicht erst mit der Diakonin sprechen, wenn man in der Kirchengemeinde mitarbeiten möchte, aber nicht weiß, welcher Arbeitskreis zu einem passt oder für welche Aufgaben Hilfe gebraucht wird?

Ebenso kann man auch in Bildungseinrichtungen zunächst ein Beratungsgespräch suchen, wenn man sich nicht sicher ist, worin man sein Wissen eigentlich erweitern möchte oder wie schwer der Kurs ist, mit dem man liebäugelt. In Gesprächen mit anderen wird häufig klarer, was man möchte und welche Möglichkeiten es gibt, an die man vielleicht noch gar nicht gedacht hat.

Aus diesem Grund gibt es beispielsweise schon in vielen Großstädten Vermittlungsstellen für ehrenamtliche Arbeit (siehe das Kapitel von Doris Appel), die einen Überblick über die vielfältigen Möglichkeiten haben, in denen man sich engagieren kann.

Fragen zur Selbstreflexion können sein:

- Welche Anlaufstellen gibt es in meinem Umfeld? Und welche passen zu mir?
- Wer kennt sich in dem Bereich aus, in dem ich tätig werden möchte? Wo kann ich mich beraten lassen, welche Möglichkeiten es in meinem Umfeld gibt?
- Wer kennt sich gut aus in der Stadt, in der ich lebe?

Beruf: Freizeitprofi!

Für sich eine neue Tätigkeit zu finden, die als persönlich sinnvoll und ausfüllend erlebt wird, ist ein Prozess. Wenn man eine Tätigkeit einmal ausgeführt hat, weiß man noch nicht, ob sie zu einem zukünftigen Hobby werden wird, ob aus einem Interesse ein längerfristiges Engagement für eine bestimmte Sache wird, ob man durch sie neue Freunde findet oder was man noch alles hinzugewinnen kann. Aber man weiß, ob sie Spaß gemacht hat, ob sie den eigenen Kompetenzen entsprochen und persönliche Interessen getroffen hat und ob man sich wohl gefühlt hat. Nicht umsonst sprechen wir häufig davon, dass ein Interesse an einer Sache »gewachsen« sei oder sich »entwickelt« habe. Wachsen braucht Zeit, aber alles fängt irgendwo an. Auch der Beruf und die Berufung zum »Freizeitprofi« beginnt mit einer Einarbeitungszeit, vielleicht auch mit einer Ausbildung.

Es gilt, sich daran zu erinnern, dass man hierfür genug Zeit zur Verfügung hat, Zeit, um eine Tätigkeit erst einmal kennen zu lernen und sich in dieser zu erleben. Sich hier selbst unter Zeitdruck zu setzen schränkt ein. Mit Kreativität in seinem Lebensumfeld die für sich optimale Tätigkeit zu finden, das braucht manchmal auch Durchhaltevermögen.

Der Prozess, eine für sich sinnvolle Freizeitbeschäftigung zu finden, ist vielleicht tatsächlich zu vergleichen mit der Einarbeitungszeit oder der Ausbildung, nur dass es eben um Freizeit geht und dass man jetzt gleichzeitig Chef und Azubi ist. Als Chef legt man die eigenen, ganz persönlichen Ziele fest und entscheidet, wann man hinsichtlich eigener Tätigkeiten, den damit verbundenen Erfahrungen und der persönlichen Zeitgestaltung zufrieden ist. Man bestimmt die Art der »Freizeitausbildung«, übernimmt Verantwortung, motiviert und erinnert sich auch mal an die eigenen »Ausbildungsziele«. Als sein eigener »Freizeit-Azubi« hingegen lernt man, erweitert Wissen, hält durch, ist stolz über Erreichtes und sammelt Erfahrungen im Tätigsein. Dabei kann man sich so viel Zeit für die eigene »Freizeitausbildung« nehmen, wie man möchte. Freizeit ist ein Bereich, der Menschen über ihre ganze Lebensspanne begleitet, während Arbeit erst später beginnt und irgendwann früher endet.

Vielleicht kann man eines Tages sogar als Freizeitprofi und Vollzeit-Freizeitler eigene Erfahrungen, wie man eine persönlich sinnstiftende Tätigkeit gefunden hat, weitergeben und anderen helfen, eine erfolgreiche »Freizeitlehre« abzuschließen – egal ob es sich dabei »nur« um Teilzeit-Freizeitler oder um andere »Zeitwohlhabende« handelt, die etwas verändern möchten.

Leitfragen zum folgenden Kapitel

Haben Sie schon einmal an Zuverdienstmöglichkeiten für sich gedacht? Wo könnte es in Ihrem Ort psychosoziale Trägervereine geben, bei denen Sie sich über Zuverdienstformen erkundigen können?

Auf Grund welcher Fähigkeiten und Fertigkeiten wären Sie in der Lage stundenweise hinzuzuverdienen?

Würden Sie eine konkrete Arbeitsverpflichtung annehmen, um zusätzlich Geld zu verdienen? Welche? Unter welchen Bedingungen würden Sie die nötige Disziplin aufbringen?

Wissen Sie, wie viel Geld Sie zusätzlich verdienen dürften?

Gibt es in Ihrem Umfeld eine Person oder eine Beratungsstelle, die Sie bei Ihrem Vorhaben unterstützen könnte?

Die dosierte Arbeit – das Mittel der Wahl

Vom Zuverdienst bis zur Tauschbörse

Peter Weber

Innerhalb der psychosozialen Versorgung und integriert in die Rehabilitationsstrukturen existieren in Deutschland seit vielen Jahren im Wesentlichen drei Modelle, durch die psychisch beeinträchtigte Menschen eine ihnen angemessene Arbeit finden können. Das ist zunächst einmal die Werkstatt für behinderte Menschen (WfbM), in der arbeiten kann, wer einen Schwerbehindertenausweis hat und einer (einfachen) Arbeit regelmäßig nachgehen möchte. Diese Werkstätten gibt es in so gut wie jeder Kommune. Ursprünglich für körperlich behinderte Menschen gedacht, findet man in den traditionellen WfbMs inzwischen häufiger auch Abteilungen für psychisch kranke Menschen und in vielen Regionen solche, die nur auf psychisch erkrankte Menschen ausgerichtet sind.

Zusätzlich sind im Laufe der Jahre die so genannten Zuverdienstfirmen sowie die Integrationsbetriebe (auch: »Selbsthilfebetriebe«) entstanden. Diese beiden Firmentypen bieten im Idealfall an, dass dort jeder nach *seinen Möglichkeiten* in die Arbeit einbezogen wird. Sie unterscheiden sich dadurch, dass Integrationsfirmen sozialversicherungspflichtige Arbeitsplätze anbieten, also dem ersten Arbeitsmarkt angepasste Strukturen vorweisen, während die Zuverdienstfirmen nur eingeschränkt die Fixierung auf den fest definierten Arbeitsplatz im Auge haben und entsprechend auf ein zuvor festgelegtes Stundenkontingent verzichten.

Sowohl die Integrations- als auch die Zuverdienstfirmen sind grundsätzlich marktorientiert, gleichwohl werden sie öffentlich gefördert, da sie sich bis heute kaum selbst tragen. Sie sind keine direkt, aber indirekt wirkende Bestandteile der Rehabilitationsstruktur und bieten neben der Arbeit eine gewisse psychosoziale Betreuung an. Es gibt sie in ganz verschiedenen Formen, dennoch existieren sie auf die eine oder andere Weise in fast jeder Region. Diese Firmenprojekte sind inklusive der »Fachberatung für Arbeits- und Firmenprojekte«, kurz FAF, auch bundesweit vernetzt in den BAG-Integrationsfirmen (siehe Anhang).

Neben diesen inzwischen fest institutionalisierten Formen des Zuverdienstes, in denen bei weitem nicht alle psychisch beeinträchtigten Menschen arbeiten können, ist es für erkrankte Menschen sinnvoll, sich auf die Suche nach anderen, weniger festen Zuverdienstmöglichkeiten zu begeben.

Grundsätzlich lassen sich drei Bereiche und Zugangswege zu Nebenverdiensten unterscheiden. Das sind:

1. Träger wie Wohlfahrtsverbände oder die Kirchen: Welche Einrichtungen gibt es überhaupt in meiner Kommune, die Möglichkeiten von Zuverdiensten bereitstellen?
2. Firmen, Initiativen, Vereine: Wo könnte es Chancen geben für eine stundenweise Beschäftigung?
3. Freundeskreis, Nachbarschaft, Stadtteil: Wo könnte es Menschen geben, die jemanden brauchen, der ihnen gegen Bezahlung Arbeit abnimmt?

Wer kreativ und »findig« ist, wird überrascht sein, wo sich überall Tätigkeitsmöglichkeiten verbergen können.

»Ableger« psychosozialer Einrichtungen

In sehr vielen großen Städten haben freie Träger ganz unterschiedliche Formen entwickelt, wie sich Menschen, die nur eingeschränkt arbeiten können, dennoch etwas hinzuverdienen können.

Eine Variante sind niedrigschwellige Beschäftigungsprojekte, die in der direkten Nachbarschaft durch in der Gemeinwesenarbeit beschäftigte Sozialarbeiter aus der Not heraus entstehen.

Hohe Arbeitslosigkeit und damit verbundene soziale/familiäre Probleme führen dazu, stadtteilbezogen Arbeit zu akquirieren und zu verteilen, ohne dabei groß als Institution in die Öffentlichkeit zu treten. Diese Projekte sind immer nah an der organisierten Schwarzarbeit angesiedelt. Auf jeden Fall rentiert es sich, in der direkten Umgebung nach solchen Projekten zu forschen. Hilfe dabei können die örtlichen Sozialämter geben.

Vorrangig in städtischen Gebieten werden kleinste Betriebe ins Leben gerufen, in denen die Aufgabe der Mitarbeiterinnen und Mitarbeiter darin besteht, Aufträge für Zuverdienstmöglichkeiten zu akquirieren und dann für die erfolgreiche Umsetzung zu sorgen.

Das Muster dafür ist fast immer die folgende Struktur:

Je nach institutionellen, räumlichen und finanziellen Möglichkeiten werden bestehende Räume umfunktioniert oder andere gepachtet, um Aufträge aus bestimmten Branchen übernehmen bzw. Dienste und Dienstleistungen anbieten zu können. Das kann eine Mittagsküche oder ein Bistro sein, das können Montage (Zwischenfertigung für größere Betriebe des Mittelstandes) oder andere manuelle Aufgaben (Falzen und Heften für Druckereien) sein, das können aber auch Arbeiten in einem Gästehaus, in Großküchen oder einer Wäscherei sein.

Um die Anforderungen der Arbeitsaufträge und die Ressourcen der Mitarbeitenden angemessen in Einklang zu bringen, kann jeder, der mitmacht, sagen, wann er wie viel Stunden arbeiten kann und will. Da bei psychisch stark beeinträchtigten Personen mit einer relativ hohen Ausfallzeit gerechnet werden muss, werden die insgesamt einkalkulierten Arbeitsplätze und der gesamte Arbeitseinsatz, die für den konkreten Auftrag erforderlich sind, mehrfach besetzt. Das heißt konkret: Der Arbeitsplatz X wird täglich nicht mit drei Personen, die je ein Drittel der Gesamtstundenzahl übernehmen, abgedeckt, sondern mit vier oder fünf, damit das zu erwartende Ausfallpotenzial ausgeglichen werden kann. Das ist für die Erfordernisse des weiteren Funktionierens dieser Betriebe unumgänglich, denn: Der Auftrag muss erfolgreich erledigt werden, um den Auftraggeber zufrieden zu stellen und ihn auch weiterhin »zu halten«.

Das alles findet in einem möglichst entspannten Klima statt. Wer also einen schlechten Tag hat und sein abgemachtes Pensum nicht erfüllen kann, der kann durchaus ohne Vorwürfe nach Hause gehen bzw. sich rechtzeitig telefonisch abmelden, es findet aber kein betreuendes Gespräch statt, um etwa eine Stunde später doch an den Arbeitsplatz zu gehen. Ein solches Vorgehen stellt die Umkehrung der traditionellen »Helferrolle« dar: Die die Aufträge heranziehenden hauptberuflichen Mitarbeiter suchen nicht nach solchen Aufträgen, die sie den psychisch kranken Personen zutrauen, sondern sie suchen schlicht, aber ergreifend nach Aufträgen, die dann erfüllt werden müssen. Für die Mitarbeitenden aus sozialen Berufen ist dieser Perspektivwechsel und die damit verbundene Marktorientierung oft ein ernstes Problem, weil sie gewohnt sind, zuerst nach den Ressourcen ihrer Klienten zu fragen, um für sie »passende« Arbeitsangebote zu finden. Das ist verständlich dadurch, dass im sozialarbeiterischen oder erst recht im therapeutischen Umfeld die finanziellen Ressourcen für solche Unternehmungen gar nicht bestehen und viel notwendiges Wissen erst »eingeholt« werden muss. Das Entscheidende ist: Wer arbeiten will, muss die Möglichkeit zur Arbeit haben – wie viel Stunden täglich und pro Woche und zu zweit, zu dritt oder zu acht, das kann er unter solchen Bedingungen ja immerhin selbst festlegen.

Verblüffend dabei ist, dass diese Haltung oft im Arbeitsalltag auch gar nicht zum Problem wird. Im Gegenteil: Auch psychisch stark beeinträchtigte Menschen sind nicht selten sehr wohl in der Lage, erst einmal die Arbeit (in ihrem persönlichen Rahmen) »anzupacken«. Oder, wie es eine Referentin auf einer Tagung einmal sagte: »Bei uns kommen morgens viele an und reden davon, wie schlecht es ihnen ginge und sie hätten eine Krise. Dann beginnt ihre ›Schicht‹ und von Krise ist keine Rede mehr. Kaum ist die Arbeitszeit beendet, ist die Krise wieder da.«

Wer solche Arbeitsaufträge unter diesen Bedingungen zu kalkulieren hat, der kann das nicht nach den üblichen Vorstellungen tun. Wie also »Arbeitsplätze« mehrfach besetzt werden müssen, so kann die Entlohnung auch nicht nach Stundenlöhnen erfolgen, meistens jedenfalls nicht. Die Alternative dazu heißt häufig »Stückgutbezahlung«. Das bedeutet: Wer täglich drei Stunden arbeitet und dies relativ zügig und diszipliniert tut, kann mehr verdienen als jemand mit schwacher Leistung in mehr Stunden.

Dass es bei all solchen Arbeitsaufträgen nicht um einen »Hochverdienst« geht, dürfte klar sein. Umgerechnet auf Stundenlöhne kommen oft nicht mehr als 1,50 bis 2,50 Euro heraus. Gleichwohl ist der »Gewinn« der dort Arbeitenden viel höher. Ihre »psychosoziale Kalkulation« heißt nämlich: Tagesstruktur + tägliche Aufgabe + soziale Einbindung + Wertschätzung für das Geleistete und eben + der kleine Zuverdienst, der es erlaubt, sich auch mal etwas zu leisten, was Rente oder Sozialhilfe nicht ermöglichen würden. Für all die hier Beschäftigten steht jedenfalls eines fest: Sie tun mehr als nur auf neue Arbeitsplätze zu warten.

Dass es in diesen Firmen nicht um »kapitalstarke« Bereiche geht, ist schon allein daran abzulesen, dass die Arbeiten eben vom ersten Arbeitsmarkt vernachlässigt werden. Hier ist bei hohem Personalaufwand zu wenig zu verdienen, von Renditen braucht man gar nicht erst zu reden.

Diese marktorientierten Minibetriebe am Laufen zu halten ist für die Sozialarbeiterinnen und Sozialarbeiter alles andere als einfach und auch ihr eigener Arbeitsplatz hängt am seidenen Faden der Auftragsakquise. Dennoch sind vielerorts Initiativen in dieser Richtung im Entstehen begriffen. Es könnte sich also lohnen, in Einrichtungen nachzufragen, ob es örtlich irgendwo Pläne für einen solchen Betrieb gibt.

Wer sich für solche Arbeitsformen interessiert und sich die potenziellen Angebote genauer ansehen möchte, kann im Internet verschiedenste finden, etwa unter dem Suchbegriff: »Zuverdienst für psychisch Kranke«, eventuell noch den eigenen Ort oder die Region eingeben. Als prototypisch kann die Pinel-Gesellschaft in Berlin betrachtet werden.

Auch bei Initiativen und Firmen gibt es Möglichkeiten, aushilfsweise und auch in einer gewissen Regelmäßigkeit etwas hinzuverdienen. Hier dürften in Zukunft die Chancen sogar steigen, denn es ist zu erwarten, dass der Bereich der so genannten Niedriglohnjobs weiter zunehmen wird. Diese Jobs umfassen oft nur Teilzeitangebote mit einfachsten Tätigkeiten. Der Niedriglohnbereich wird zwar von vielen abgelehnt, weil immer die Gefahr besteht, dass die Arbeitskraft der Menschen ausgenutzt wird, ohne sie angemessen zu bezahlen und ohne dass sie aus ihrer existenziellen Not herauskämen, aber dieser Bereich bietet auch Chancen. Wer nämlich nicht voll erwerbsfähig ist oder ohnehin nur einen kleinen Zuverdienst sucht, der kann hier entsprechende Arbeitsangebote finden: Lager- und Aufräumarbeiten im Handel, Putzdienste, Versandarbeit, Datenpflege, aber auch Arbeiten im Gartenbau oder in Fertigungsbetrieben.

Marktorientierung und »anständig« bleiben

Dass es durchaus interessante und originelle Möglichkeiten gibt, Firmen mit sozialer Verantwortung am Leben zu erhalten, das demonstriert seit knapp zwei Jahrzehnten ein kleiner Betrieb in Hannover.

Hutfleß-Transporte wurde vor mehr als fünfzehn Jahren vom heutigen Senior-Chef Hans Hutfleß ins Leben gerufen. Zuvor in einem Industrie-Pfarramt tätig, gehörte er zu denen, die bereits in den siebziger Jahren erste Arbeitsloseninitiativen gründeten. Hutfleß ahnte schon bald, dass sich etwas in unserem Wirtschaftssystem wandelte, dass nämlich die gering Qualifizierten und nicht so Belastbaren zunehmend von Arbeitslosigkeit bedroht sein würden. Er stieß schon Ende der siebziger Jahre auf jene Arbeitslose, die sich bereits manches nicht mehr leisten konnten. Er suchte nach Tätigkeitsmöglichkeiten für diese Menschen, und für ihn stand fest, dass es dabei um »Arbeit« gehen sollte, nicht um »Ehrenämter«.

Alles begann mit einem Pkw mit Anhängerkupplung und einem geliehenen Anhänger, mit dem Hutfleß und ein paar Männer billig Transporte und später Umzüge organisierten – für die ersten »verarmten Arbeitslosen, die kein eigenes Auto mehr halten konnten«. Gearbeitet wurde, wenn Arbeit reinkam. Die Idee kam in Fahrt, die Aufträge nahmen zu. Das Selbstverständnis war eher das einer Initiative statt eines Betriebs. Doch als nach drei Jahren der Steuerberater sagte, das alles müsse nun eine Betriebsform bekommen, sonst bestände die Gefahr, juristisch wegen organisierter Schwarzarbeit belangt zu werden – da wagte Hutfleß den Schritt und wurde »Unternehmer«. Von Beginn an war für ihn klar, dass man jene Lücken aufsuchen musste, die der erste Arbeitsmarkt vernachlässigte. Flexibilität stand dabei im Vordergrund und war für Hutfleß bereits ein Stichwort, längst bevor es Mode wurde.

Ihm, der mit einer gehörigen Distanz zum real existierenden Kapitalismus und einer praktischen Christlichkeit ausgestattet ist, ihm war dabei alles andere als wohl zumute. Doch für ihn stand fest, er wollte nicht am Tropf der öffentlichen Förderung hängen, sondern die Firma »marktorientiert« führen. Aber: Er wollte von Beginn an zeigen, dass es möglich ist, eine Firma auch mit einer christlichen Moral zugunsten der Schwachen am Markt zu behaupten. »Mir kann kein Unternehmer erzählen, es gebe für all diese Menschen in den Betrieben keine Möglichkeiten mehr«, meint er. »Unsere Devise war von Anfang an: Marktbetrieb ohne Subventionen plus anständig bleiben zu den Menschen. Einen Mercedes habe ich nie gefahren und ich habe mit angepackt, das haben die Kumpels auch gemerkt. Außerdem durfte man bei uns immer seine Probleme mitbringen, wir hatten ein offenes Ohr für die menschlichen Schwierigkeiten: ob Depressionen, Suff oder die Schwierigkeiten in der Ehe.«

Heute gibt es drei Festangestellte und rund zwanzig Männer und Frauen, die je nach ihren Möglichkeiten mitarbeiten. Jahresumsatz 250.000 Euro; Hutfleß selbst ist, mit 72 Jahren, längst Rentner, eigentlich.

Mit psychisch erkrankten Menschen haben die Hutfleß-Leute heute auf zwei Weisen zu tun: zum einen als Arbeitskollegen, die im Rahmen ihrer Möglichkeiten anpacken; zum anderen als Kunden. Aus den Entrümpelungen nämlich entstand ein neuer Schwerpunkt. Hutfleß' Leute rücken heute auch an, wenn es Wohnungen zu »entmüllen« gibt. Aber ihre Leistungen gehen weit darüber hinaus: Sie tapezieren auf Wunsch die Wohnung, streichen Wände und ergänzen die Wohnungseinrichtung aus dem Gebrauchtwarenlager. Ja, auch Bilder können sie an die Wände hängen, und eine Kaffeemaschine gibt es obendrein, als Glückwunsch zum Neubeginn nach Klinikaufenthalten.

Solche Arbeiten in einer völlig verdreckten Wohnung wolle doch heute kaum noch jemand machen, deshalb würden die Sozialämter, aber auch die gesetzlichen Betreuer der Erkrankten zunehmend auf sie aufmerksam. Und wenn psychisch erkrankte oder alkoholabhängige Personen zurück in die eigene Wohnung ziehen, das sei für den Staat billiger als andere Unterbringungen, außerdem gebe man den Leuten auf diese Weise eine neue Chance. Viele der Betroffenen seien sehr froh darüber, nach einer stationären Behandlung in eine saubere und helle Wohnung zurückkehren zu können. Und wenn einer der Betroffenen anschließend das Regal doch anders stehen haben wollte, dann fahren die Hutfleß-Leute auch noch einmal vor und stellen die Möbel um – übrigens durchaus ohne Bezahlung, falls die Menschen kein Geld hätten. Denn: »Hilfe machen wir umsonst«, sagt er.

Damit die »Kumpels«, wie er die Mitarbeiter immer nennt, trotzdem nach einer solchen Arbeit etwas »auf die Hand« bekommen, bezahlen Kunden mit mehr Geld etwas höhere Preise. Das ist kein Markt-, sondern ein Solidarprinzip. Für Hutfleß ist das nur gerecht – so stände es schon in der Bibel.

Während der Arbeit wird bei Hutfleß ansonsten Tacheles geredet: Wer besoffen zur Arbeit kommt oder in den Arbeitsstunden trinkt, kann – jedenfalls für diesen Tag – sofort nach Hause gehen. Konflikte werden gewaltfrei gelöst, auch wer ausrastet, kann sofort gehen. Außerdem sind alle Formen von Rassismus und Stigmatisierung auf der roten Liste. »Da bin ich ziemlich autoritär. Wir haben meistens mit Leuten aus der Unterschicht zu tun, da muss man klare Worte sprechen.« Das alles heißt für Hutfleß: »teamfähig sein«. Die eingehenden Aufträge müssen zudem absolut korrekt durchgeführt werden. »Dem Kunden garantieren wir Termin-, Qualitäts- und Preissicherheit.«

Auch die »Kumpels« selbst, zu denen inzwischen auch ein paar Frauen gehören, können entsprechend mit großer Solidarität rechnen, mit Hilfen, wenn es brennt, und mit einem Feierabend, der zwischen 13 und 15 Uhr liegt. »Der Arbeitstag darf nicht zu lang sein, sonst halten diese Menschen nicht durch.« Die Arbeit ermöglicht vielen von ihnen ein Mischeinkommen, das größer ist, als sie woanders verdienen könnten. »Fähigkeiten hat jeder«, sagt Hutfleß, »eigentlich sogar Charisma. Bei uns muss jeder nach Fähigkeit und Kraft ran. So werden allmählich auch die Unsichersten bei uns sicherer und trauen sich etwas zu. Zwar geht es bei uns schon mal rau zu, aber gegen die Brutalität der heutigen Marktverhältnisse ist es bei uns harmlos. Viele von unseren Kumpels wollen auch gar nicht mehr woanders arbeiten, und vor Anfragen können wir uns nicht retten.«

Egal, ob solche Formen von Zuverdienstfirmen zukünftig aus psychosozialen und rehabilitativen Einrichtungen heraus entstehen oder unabhängige unternehmerischen Leistungen von einzelnen oder Gruppen sind, neben dem ersten Arbeitsmarkt werden vielfältige Beschäftigungsmöglichkeiten entstehen. Dass so etwas sogar »geldlos« sein kann, machen die im Folgenden beschriebenen »Tauschbörsen« deutlich.

Arbeitseinsatz tauschen

Eine organisierte Form ganz verschiedener freiwilliger Tätigkeiten, die nach einem Punkte- oder Stundensystem gutgeschrieben werden, stellen die so genannten Tauschbörsen dar. Die Grundhaltung dieser Börsen ist es, dass jeder Mensch über Talente und Fertigkeiten verfügt, die für andere Personen im kommunalen Raum wichtig sein könnten, dass also jede Menge Ressourcen bestehen, die gesellschaftlich ungenutzt bleiben. Wer solche Fähigkeiten besitzt, kann sie auf diesem »Markt« anbieten. Die möglichen Arbeitsleistungen und die Bedürfnisse der in diesen Vereinen organisierten Mitglieder werden über Aushänge, eine »Zeitung«, über regelmäßige Treffen oder auch über das Internet zusammengestellt. So kann der eine Gartenarbeit anbieten und von einem anderen Hilfe beim Installieren von Computerprogrammen bekommen. Die eingenommenen oder verdienten Punkte werden auf »Verrechnungsschecks« festgehalten, in der Zentrale gespeichert und auf Konten verrechnet. Der Grundwert bezieht sich immer auf eine Zeitstunde, egal, welche Art Arbeit erbracht worden ist.

In Deutschland werden rund 60 Prozent aller täglich erbrachten Arbeiten nicht bezahlt, existieren also unabhängig und neben dem Wirtschaftsbereich der Erwerbsarbeit. Für Menschen, die solche freiwilligen Arbeiten leisten können, aber eben nicht über einen Zugang zur Erwerbstätigkeit verfügen, sollen Tauschbörsen ein zusätzliches System darstellen, um »Werte« oder auch »Leistungsansprüche« zu erwerben. Rund 400 solcher kommunalen Tauschbörsen existieren bereits in Deutschland. Sie haben ganz unterschiedliche Schwerpunkte, etwa den, dass man in der

Altenpflege Betreuungen übernimmt und dass die auf diesem Weg angesammelten Stunden später auch für sich selbst als Betreuungen abgerufen werden können.

Wer sich dafür interessiert, ob es in seiner näheren Umgebung solche Tauschbörsen gibt, kann das im Internet herausfinden (siehe Anhang).

Tätig sein für die Gemeinschaft

Die in diesem Kapitel aufgezeigten Möglichkeiten, ohne feste Arbeitsplätze tätig zu sein und sich ein paar Euro nebenbei zu verdienen, zeigen, dass die gesellschaftlich anfallende Arbeit weit größer ist als oft wahrgenommen. Erst wer nicht mehr zu eng auf den so genannten festen Arbeitsplatz (welcher ist das heute noch?) orientiert ist, wird feststellen, welche kreativen Chancen es gibt. Wichtig bei der Suche ist, sich »rauszuwagen« aus den eigenen vier Wänden und aktiv zu suchen. Wer dabei große Schwierigkeiten hat, sollte sich Hilfe suchen: freundschaftliche, nachbarschaftliche, professionelle etc.

All die hier aufgezeigten Arbeitsformen machen auch deutlich, dass auf dem ersten Arbeitsmarkt oft gerade solche Arbeiten wegfallen oder vernachlässigt werden, die soziale Eingebundenheit bedeuten würden. Zu sehr ist Arbeit heute etwas, womit man reich werden will, und zu wenig etwas, womit man beiträgt, die Gemeinschaft voranzubringen und Aufgaben zu übernehmen, die für das Leben anderer Menschen wichtig sind. Wo Personalabbau zur Renditesteigerung das oberste Ziel ist, da trocknen gerade soziale Prozesse aus. Und wo soziale Verarmung stattfindet, da gerät der tiefere Sinn unseres Tätigseins (und Lebens?) in Zweifel. Soll unsere Arbeit nicht für jemand anderen Bedeutung haben?

Ein ketzerischer Schlussgedanke: Während in der Wirtschaft das Tempo, die Flexibilität, die Leistungsanforderungen und vieles andere weiterhin angezogen werden, nehmen die psychischen Einbrüche der Erwerbstätigen zu. Die DAK untersucht seit einigen Jahren am gründlichsten von allen Krankenkassen die Auffälligkeiten der Arbeitsunfähigkeiten auf Grund seelischer Störungen und Verhaltensstörungen. Inzwischen gehen 25 Prozent aller Arbeitsunfähigkeitsfälle auf diese Störungen zurück. Vielleicht müssen zukünftig in den Firmen und Konzernen psychologische Betreuungen eingerichtet werden, damit die Beschäftigten die rasanten Arbeitsprozesse überhaupt noch Jahr für Jahr durchstehen. Das wäre dann von den Betreuungsformen in Werkstätten für behinderte Menschen oder Integrations- wie Zuverdienstfirmen gar nicht mehr so sehr verschieden. Dann wäre die psychiatrische Rehabilitation mit ihrem neuen Typus der Zuverdienstfirmen, wie sie in diesem Kapitel umrissen werden sollten, sogar ein Vorreiter.

Leitfragen zum folgenden Kapitel

Gibt es Vereine oder Initiativen, zu denen Sie schon immer mal Kontakt aufnehmen wollten, weil Sie sich für deren Arbeit interessieren?

Haben Sie früher schon einmal ehrenamtliche Tätigkeiten ausgeführt? Welche? Lassen sich entsprechende Kontakte wieder aufnehmen?

Haben Sie Kontakt zu Ihrer Kirchengemeinde?

Unter welchen Umständen hat eine Tätigkeit für Sie auch dann einen Wert, wenn es kein Geld dafür gibt?

Gibt es in Ihrer Nähe ein Freiwilligenzentrum oder Ähnliches?

Wo lassen sich Adressen auftreiben?

Ehrenamtliche Arbeit: Zu tun gibt es eigentlich genug

Doris Appel

Gesellschaftlicher Wandel eröffnet Räume

Wer nicht in zeitintensiven und kräftezehrenden Arbeitsprozessen steckt, verfügt meistens über Ressourcen, um etwas anderes tun zu können. Fällt allerdings die Berufsorientierung weg, ist es für uns zuerst einmal nicht so leicht, neue Betätigungsfelder zu finden – und auf manche Ideen kommen wir gar nicht erst. Dabei eröffnen sich gegenwärtig eigentlich recht viele Möglichkeiten für sinnvolle Tätigkeiten, auch wenn manche davon politisch nicht unumstritten sind.

Viele staatliche Leistungen, an die wir über Jahrzehnte gewöhnt waren, werden derzeit rapide zurückgenommen; besonders in den Bereichen Gesundheit, Soziales und Kultur. Da liegt die Frage nahe, ob entstehende Defizite nicht mit Freiwilligen ausgeglichen werden sollen, die dort einspringen, wo hauptamtliches Personal reduziert wird.

Versorgungslücken mit Ehrenamtlichen zu besetzen, kann politisch nicht gewollt sein, da auch für eine hochtechnisierte Wissensgesellschaft ein bestimmtes Maß an gemeinschaftserhaltenden Standards unverzichtbar ist. Um diese Standards zu erhalten, ist Fachlichkeit in den oben genannten Bereichen, d.h. hauptamtlich qualifiziertes Personal, eine der wichtigsten Voraussetzungen.

Freiwilligenarbeit ist dort richtig eingesetzt, wo sie Hauptamtlichkeit nicht ersetzt, sondern ergänzt. Dies ist beispielsweise bei ehrenamtlichen Besuchsdiensten in Krankenhäusern oder Altenheimen gewährleistet, wo ehrenamtliches Engagement in der menschlichen Zuwendung liegt, die das stark beanspruchte Pflegepersonal nicht im gleichen Umfang erbringen kann. Zu längeren Gesprächen am Krankenbett sitzen und zuhören sowie behinderte oder alte Menschen bei Spaziergängen und Besorgungen begleiten, das sind mitmenschliche Dienste, auf die eine zunehmend individualisierte Gesellschaft angewiesen ist.

Nicht nur in Krankenhäusern und Pflegeheimen, sondern auch in Kindertagesstätten, Schulen und Horten bestehen vielfältige Einsatzmöglichkeiten für Freiwillige, die die fachliche Arbeit mit Angeboten wie Vorlesen, Spielen oder Hausaufgabenbetreuung ergänzen und bereichern.

Nicht mehr wegzudenken sind im sozialen Bereich die weitestgehend ehrenamtlich geführten Einrichtungen wie Bahnhofsmissionen, Obdachlosentafeln, Wärmestuben und Kleiderkammern.

Ein Phänomen der letzten Jahre ist die Entstehung unzähliger Initiativen und Gruppen, die ehrenamtlich beispielsweise als Zeitzeuginnen, Märchenerzähler, Vorleserinnen, Musizierende oder in Theatergruppen in unterschiedlichen Institutionen auftreten. Eigentlich leben wir in einer Zeit, in der es verschiedene Gründe gibt, sich ehrenamtlich zu engagieren.

Was bringt mir ehrenamtliche Arbeit?

Es gibt verschiedene persönliche Motive, die Menschen dazu bewegen, sich freiwillig zu engagieren. Für alle ist es wichtig, gebraucht zu werden, etwas Sinnvolles zu tun, die eigenen Fähigkeiten, Erfahrungen und Kenntnisse einzusetzen und dabei Neues zu lernen. In besonderer Weise versuchen Ältere, Arbeitslose und psychisch Beeinträchtigte mit Hilfe einer ehrenamtlichen Tätigkeit ihren Alltag besser zu strukturieren, den Anschluss an die Gemeinschaft sowie ihre eigene Leistungsbereitschaft aufrechtzuerhalten.

Psychisch beeinträchtigte und isoliert lebende Menschen berichten auch, durch die ehrenamtliche Betätigung im Kontakt mit anderen von den eigenen Problemen abgelenkt zu sein.

Diejenigen, die den Weg zurück ins Erwerbsleben anstreben, können sich die Gewöhnung an berufliche Pflichten erleichtern, indem sie zunächst eine ehrenamtliche Tätigkeit mit weniger Anforderungen und Verantwortung übernehmen.

Die Bewältigung von Aufgaben ist in der Regel auch mit einer gewissen Bestätigung von außen verbunden, sie wirkt sich aber in jedem Falle günstig auf Selbstvertrauen und persönliche Sicherheit aus.

An Freiwilligenarbeit Interessierte lassen sich heute bei ihrer Suche nach einer Tätigkeit weniger von altruistischen (also »aufopfernden«) Gründen leiten – sie fragen nach dem persönlichen Nutzen ihres freiwilligen Einsatzes. Die auf die eigene Person bezogenen Wünsche und Bedürfnisse beim ehrenamtlichen Engagement sind legitim und gewährleisten am ehesten, dass Gebende und Nehmende gleichermaßen profitieren. Das allseits anerkannte Motto lautet: »Für mich und andere.«

Wie durch das Dickicht der Engagementmöglichkeiten finden?

Seit den neunziger Jahren gibt es in vielen Kommunen Seniorenbüros, Freiwilligenagenturen und andere Anlaufstellen, die engagierte und interessierte Bürgerinnen und Bürgern unterstützen, ihren Voraussetzungen und Wünschen entsprechend freiwillige Tätigkeiten zu finden.

Für die Bereiche Natur, Umwelt, Kultur, Sport, Gesundheit, Geselligkeit erfassen die Anlaufstellen den Bedarf lokaler Träger an Ehrenamtlichen. Die Träger setzen sich aus gemeinnützigen Verbänden, Vereinen, kirchlichen oder städtischen Einrichtungen zusammen. Beispiele ehrenamtlicher Tätigkeiten aus den Angebotskatalogen der Anlaufstellen sind:

- Mithilfe bei Bürotätigkeiten in Vereinen (Telefondienste, Buchhaltung, Arbeit am PC),
- Organisation und/oder Mitwirkung bei öffentlichen Veranstaltungen gemeinnütziger Einrichtungen,
- Mitarbeit in Vereinen beim Erstellen von Zeitungen,

- Museumsdienste und Archivarbeiten,
- Naturschutz- und Umweltaufgaben,
- Hilfe in Tierheimen (Tiere versorgen, Hunde ausführen),
- Vorlesen, Spielen oder Musizieren in Kindertagesstätten,
- Hausaufgabenhilfe, Freizeitangebote in Schulen oder Horten,
- Mitarbeit in Schulbibliotheken oder Caféterien,
- Besuche alter Menschen in Heimen (Gespräche führen, vorlesen, alte Fotos anschauen, spazieren gehen),
- Mitwirkung bei geselligen Nachmittagen in Seniorenclubs oder Begegnungsstätten (Kaffee und Kuchen austeilen, Geschichten, Gedichte vorlesen),
- alte Menschen oder Sehbehinderte zu Veranstaltungen abholen und nach Hause begleiten,
- Freizeitbeschäftigung mit Behinderten (Kochen, Backen, Basteln, Fußball-, Federballspielen)
- Besorgungen für Krankenhauspatienten,
- Mitwirkung in der Obdachlosenhilfe oder in Kleiderkammern,
- Mitarbeit in Eine-Welt-Läden.

In den Informations- und Vermittlungsbüros steht die an Freiwilligenarbeit interessierte Person im Mittelpunkt, das bedeutet auch, dass sie sich zunächst unverbindlich über die vorliegenden Angebote informieren kann. Erst wenn die passende Tätigkeit gefunden ist, erfolgt die Vermittlung in eine Einrichtung.

Die Möglichkeit, aus einer breiten Angebotspalette eine freiwillige Tätigkeit auszusuchen, hängt von der Größe einer Kommune und deren örtlichen Gegebenheiten ab. So sind die Nachfragen aus gemeinnützigen Einrichtungen in einer Großstadt gewöhnlich sehr viel umfangreicher als in kleineren Kommunen. Häufig gibt es aber gerade in Kleinstädten oder Dörfern ein aktives Vereinsleben mit erheblichem Bedarf an freiwilligen Helferinnen und Helfern, sodass sich eine Kontaktaufnahme lohnt. Auf Grund zurückgehender Mitgliederzahlen sind Verbände und Vereine zunehmend auf Unterstützung durch ehrenamtlich Tätige von außen angewiesen. Das bedeutet, dass das Engagement in vielen Vereinen nicht mehr an die Mitgliedschaft gebunden ist. Somit müssen Engagierte in einem Sportverein nicht aktive Sportlerinnen und Sportler sein, um etwa bei der Führung der Mitgliederdatei, der Organisation und Durchführung von öffentlichen Veranstaltungen oder der Öffentlichkeitsarbeit mitzuwirken.

Auch Kirchengemeinden haben gewöhnlich einen großen Bedarf an ehrenamtlicher Mitarbeit und fragen in der Regel nicht nach der konfessionellen Bindung.

Die Möglichkeit, nur sporadisch bzw. befristet – zum Beispiel bei der Durchführung von Festen, Basaren, Flohmärkten oder Ausstellungen – ehrenamtlich mitzuwirken, kommt Engagierten zugute, die sich nicht längerfristig binden können oder wollen.

Für Menschen, die auf Grund körperlicher oder psychischer Beeinträchtigungen auf keinen Fall in den Räumlichkeiten der von ihnen gewählten Organisation tätig werden können, besteht grundsätzlich die Möglichkeit, von zu Hause aus bestimmte – insbesondere schriftliche – Aufgaben zu erledigen.

Eine bundesweite Umfrage im Jahr 2004 hat ergeben, dass 36 Prozent der Bevölkerung ab 14 Jahren ehrenamtlich engagiert sind. Aber nicht nur diese erfreuliche Zahl, sondern auch die enorme Vielfalt von ständig neu entstehenden Tätigkeitsfeldern zeigt, dass die Bereitschaft zum bürgerschaftlichen Engagement in unserer Gesellschaft einen hohen Stellenwert besitzt.

Eine moderne Form des Freiwilligenengagements besteht darin, dass viele Interessierte nicht in erster Linie nach dem Bedarf in den Einrichtungen fragen, sondern sich selbst mit ihren Kenntnissen, Vorlieben und Hobbys auf dem Markt der ehrenamtlichen Möglichkeiten anbieten. Von ihren eigenen Voraussetzungen und Wünschen ausgehend wählen sie die zu ihnen passende Einrichtung.

Interessierte an EDV oder Internet, an Musik oder Literatur, an Malerei oder Film, an Schach oder Kartenspielen, an Handarbeiten oder sonstigem Werken suchen Gleichgesinnte, um mit ihnen gemeinsam in entsprechenden Gruppen aktiv zu werden. Sie tauschen ihre Kenntnisse aus und verabreden, wie sie diese als Angebote an andere weitergeben wollen, etwa in Form von einmaligen Vorträgen oder Kursreihen in Begegnungsstätten, Kirchengemeinden, Schulen, Horten, Kindertagesstätten, Bibliotheken oder Nachbarschaftszentren. Bereits in der Aufbauphase ihrer Projektarbeit suchen sie sich in der Regel einen gemeinnützigen Träger, um dort die zur Verfügung gestellten Räume und Arbeitsmaterialien nutzen zu können. Außerdem ist es für diese Gruppen wichtig, eventuell eine Auslagenerstattung zu erhalten, Versicherungsschutz zu genießen und in der öffentlichen Werbung für ihr Projekt unterstützt zu werden.

Viele Träger sind an der Aufnahme solcher Projektgruppen sehr interessiert, da sie die eigene Angebotspalette vergrößern und die öffentliche Aufmerksamkeit erhöhen.

Selbstverständlich besteht auch die Möglichkeit, außerhalb von Institutionen im ganz privaten Umfeld aktiv zu werden, beispielsweise in der eigenen Nachbarschaft regelmäßig für eine alte Dame Besorgungen zu übernehmen, einem Sehbehinderten die Zeitung vorzulesen, einem Kind bei den Hausaufgaben zu helfen oder ein älteres Ehepaar bei der Gartenarbeit zu unterstützen.

Rahmenbedingungen in den Organisationen

Gemeinnützigen Organisationen gelingt der konstruktive Einsatz von Freiwilligenarbeit am besten, wenn sie den eigenen Bedarf an ehrenamtliche Mitarbeit mit den persönlichen Voraussetzungen und Bedürfnissen der Freiwilligen in Einklang bringen können. Um engagierte Menschen zu gewinnen, bemühen sich die meisten Institutionen heute um gute Einsatzbedingungen.

Insgesamt wird die Qualität der Arbeit in gemeinnützigen Einrichtungen heute wesentlich mit daran gemessen, wie ehrenamtlich Engagierte aufgenommen und integriert werden. Da Ehrenamtlichkeit auch weiterhin eine eher knappe Ressource bleiben wird, unterliegen die einzelnen Träger einem Wettbewerb, der sie zur Schaffung und Weiterentwicklung von engagementfreundlichen Einsatzbedingungen für motivierte Freiwillige anspornt.

So haben viele Institutionen Standards entwickelt, die Zugangsbarrieren für neue freiwillige Mitarbeiterinnen und Mitarbeiter abbauen und deren Integration fördern. Die Rahmenbedingungen sind von den Einrichtungsstrukturen und Tätigkeitsfeldern abhängig, aber grundsätzlich sollten dazu gehören:

- Versicherungsschutz und Auslagenerstattung (insbesondere Fahrtkostenvergütung),
- feste Ansprechpartnerinnen und -partner,
- Bereitstellung von Arbeitsmaterialien,
- Begleitung beim Ehrenamt,
- Erfahrungsaustausch mit anderen Freiwilligen,
- Fortbildungsangebote.

Hauptamtliche in Institutionen sind sich zunehmend bewusst, dass persönliche Wertschätzung der beste Garant für Gewinnung und Einsatz von Ehrenamtlichen ist.

Sie pflegen darum eine Kultur der Anerkennung, die neben der Schaffung von engagementfreundlichen Einsatzbedingungen in der Förderung von Mitsprache und Mitgestaltung und dem Angebot von Weiterbildungsmaßnahmen besteht. Hinzu kommen bei vielen inzwischen feste Formen des Dankens, die sich in kleinen Aufmerksamkeiten an Geburtstagen und zu Weihnachten, in Einladungen zu Ausflügen oder kulturellen Veranstaltungen (z.B. Kino) sowie Ehrungen an Festen ausdrücken.

Auch eine würdige Verabschiedung von Freiwilligen, die sich für die Beendigung einer Tätigkeit entschieden haben, zählen viele Hauptamtliche heute zu einem guten Freiwilligenmanagement in ihrer Einrichtung.

Erfreulich ist es, wenn die Organisationen über umfassende Kenntnisse bezüglich anderer ehrenamtlicher Tätigkeitsfelder in ihrer Kommune verfügen, um den zu Verabschiedenden neue Ehrenamtsmöglichkeiten aufzuzeigen.

Empfehlungen zur Aufnahme einer Tätigkeit in einer Institution

Um sich über das breite Spektrum von Einsatzmöglichkeiten zu informieren, leisten die genannten Anlaufstellen vor Ort wichtige Hilfe. Wo diese Büros fehlen, können auch Rathäuser, Wohlfahrtsverbände, Kirchen oder Vereine direkt angefragt werden. Auch die so genannte Mundpropaganda sollte nicht vergessen werden: An gute Erfahrungen lohnt es sich anzuknüpfen.

Vor der Aufnahme einer möglichst »maßgeschneiderten« Tätigkeit sollten sich die Interessierten über Träger und Einsatzbedingungen gründlich informieren. Die Übernahme einer freiwilligen, unentgeltlichen Tätigkeit soll vor allem Spaß machen und Gewinn für das persönliche Leben bringen. Nur eine Aktivität, die den eigenen Voraussetzungen, Fähigkeiten und Vorlieben entspricht, wird als Bereicherung erlebt. Ehrenamtlichkeit bietet gegenüber vertraglich geregelter Erwerbsarbeit mehr Wahlmöglichkeit, Freiraum und Flexibilität.

Nach der Entscheidung für eine bestimmte freiwillige Tätigkeit kann in der entsprechenden Einrichtung eine Probezeit verabredet werden, um sich erst danach für einen längeren Zeitraum festzulegen. Außerdem ist es legitim, nach einer mehrwöchigen »Schnupperphase« zunächst den zeitlichen Einsatz auf mehrere Monate oder auch ein Jahr zu begrenzen, um in dieser Zeit zu erkennen, ob die richtige Wahl getroffen wurde. Gerade Menschen, die ihre eigene psychische Stabilität mittelfristig nur bedingt abschätzen können, sollten von diesen Möglichkeiten Gebrauch machen. Selbstverständlich aber lässt die Ehrenamtlichkeit zu jeder Zeit einen Ausstieg zu.

Grundsätzlich gilt: Ehrenamtlicher Einsatz muss nicht auf Dauer, sondern kann auch kurzfristig und projektbezogen stattfinden.

Für längerfristige Mitwirkung in einer gemeinnützigen Einrichtung bestimmen die Engagierten selbst den zeitlichen Umfang ihres Einsatzes (im Allgemeinen zwischen zwei und vier Stunden wöchentlich oder auch vierzehntägig). Wichtig ist den Einrichtungen in der Regel eine gewisse Verlässlichkeit, die aber durchaus individuell ausgehandelte Spielräume ermöglicht.

Eine flexible Handhabung des ehrenamtlichen Einsatzes hängt natürlich auch vom jeweiligen Einsatzfeld ab. So ist es zum Beispiel für einen Verein, in dem ehrenamtlich Bürotätigkeiten übernommen werden, weniger problematisch, wenn die Person für einige Wochen ausfällt, als für einen alten Menschen im Pflegeheim, der sich auf die regelmäßigen Besuche freut und längere Ausfallzeiten vielleicht schwer versteht.

Bereits im Erstgespräch in der Anlaufstelle oder in der ausgewählten Einrichtung sollten psychisch beeinträchtigte Menschen offen ihre Möglichkeiten und Grenzen ansprechen. Ein der persönlichen Lebenssituation angepasstes Tätigkeitsfeld ist erst zu finden, wenn das Ausmaß an Beanspruchung und die Möglichkeit eines plötzlichen Ausfalls mit in das Beratungsgespräch einbezogen werden.

Diese Offenheit entlastet von dem Druck, in der neuen Umgebung »funktionieren« zu müssen. Nur wenn die krankheitsbedingten Einschränkungen benannt sind, können für beide Seiten zufrieden stellende Bedingungen gefunden und abgesprochen werden.

Erleichternd kann es auch sein, sich für das Erstgespräch von einer vertrauten Person begleiten zu lassen.

Häufig empfehlen Ärzte oder Therapeuten ihren Patientinnen und Patienten die Übernahme einer freiwilligen Tätigkeit, um wieder »Tritt zu fassen«, unter Menschen zu sein und damit mehr

Lebensfreude zu gewinnen. Den Betroffenen fehlt aber zuweilen der Mut zum ersten Schritt, sodass die Begleitung durch eine vertraute Person – eventuell auch in der Anfangszeit der ehrenamtlichen Betätigung – sehr hilfreich sein kann.

Über diese Möglichkeit sollte in der in Frage kommenden Einrichtung ebenfalls ganz offen gesprochen werden. In der Regel sind die Organisationen sehr daran interessiert, die Einstiegsbarrieren für alle Engagierten so niedrig wie möglich zu halten.

Um alle weiteren Punkte beim Erstkontakt in einer Einrichtung anzusprechen, kann »Neueinsteigern« nachfolgende Checkliste als Hilfestellung dienen.

Gesprächsleitfaden für ein Erstgespräch mit den Mitarbeitern innerhalb der Institution

- Wie sieht die konkrete ehrenamtliche Aufgabe aus?
- Welche Voraussetzungen bzw. Kenntnisse sollte ich mitbringen?
- Welche zeitlichen Regelungen können wir verabreden?
- Ist eine Probephase möglich?
- Kann ich nach der Probezeit nur für einige Monate oder für ein Jahr zusagen?
- Gibt es von Ihrer Seite weitere Vereinbarungen, die wir besprechen sollten?
- Wie ist die Versicherungsfrage geregelt?
- Werden Auslagen erstattet?
- Wie sieht mein Arbeitsplatz/Einsatzfeld aus?
- Wer ist mein Ansprechpartner?
- Wie ist bei Ihnen die Begleitung von Ehrenamtlichen geregelt?
- Wie können Sie mit einem möglichen krankheitsbedingten plötzlichen Ausfall umgehen? Gibt es Personen, die einspringen können?
- Können Sie mir Informationsmaterialien über Ihre Einrichtung mitgeben?

Eventuell auch:
- Kann ich für die erste Zeit eine Begleitperson mitbringen?
- Gibt es die Möglichkeit der Hospitation?
- Gibt es Angebote für Fort- und Weiterbildung und regelmäßigen Austausch in einer Gruppe?

Und wenn es mit dem Ehrenamt nicht klappt?

Zuweilen möchten Engagierte aus unterschiedlichen Gründen ihre Tätigkeit bei einer speziellen Einrichtung oder bestimmten Person nicht weiterführen. Ein öfter genannter Grund ist das Gefühl von Überforderung, ein anderer die Erkenntnis, dass es sich noch nicht um die wirklich »maßgeschneiderte« Tätigkeit handelt.

In diesem Fall gilt ganz besonders, dass es legitim ist, Erfahrungen zu sammeln oder sich zu irren, und dass es keine Veranlassung gibt, »um jeden Preis« durchhalten zu müssen. Zu den Merkmalen unentgeltlicher, freiwilliger Arbeit gehört eben auch die Entscheidungsfreiheit der Engagierten über Beendigung oder Wechsel ihrer Tätigkeit.

Dabei empfiehlt sich, nicht »Hals über Kopf« die Arbeit niederzulegen, sondern mit einer Person des Vertrauens innerhalb der Einrichtung die Gründe zu besprechen.

Sicherlich bedarf es einiger Anstrengung, nach einer negativen Erfahrung wieder einen Anlauf zu einem neuen Engagement zu nehmen; es wäre aber schade, aufzugeben und diese Möglichkeit, vor allem für das eigene Leben zu profitieren, nicht erneut zu nutzen.

Nachfolgend werden einige Antworten von hauptamtlichen Mitarbeiterinnen und Mitarbeitern aus gemeinnützigen Einrichtungen wiedergegeben, die für den vorliegenden Beitrag nach ihren Erfahrungen zum Freiwilligeneinsatz psychisch beeinträchtigter Menschen befragt wurden:
- Im ehrenamtlichen Besuchsdienst einer sozialen Einrichtung

arbeiten zuweilen auch Menschen mit psychischen Beeinträchtigungen mit. Ihre Tätigkeiten bestehen darin, beispielsweise für einen älteren Menschen Besorgungen zu machen oder ihm vorzulesen. Ausfälle können durch andere Aktive des Besuchsdienstes ausgeglichen werden.

- In einem Nachbarschaftszentrum wurden bereits mehrere Ehrenamtliche mit psychischen Beeinträchtigungen beschäftigt, und es gibt positive und negative Erfahrungen. In einem Fall musste eine Frau nach einigen Monaten verabschiedet werden, da sie nicht ausreichend belastbar war und einen hohen Betreuungsbedarf zeigte. Vor allem konnte sie die regelmäßigen Öffnungszeiten für die Kinderbibliothek nicht einhalten, da sie krankheitsbedingt häufig ausfiel. »Vielleicht haben wir die Frau auch überfordert, aber es darf für uns nicht mehr Arbeit mit dem Einsatz Ehrenamtlicher entstehen als ohne«, erklärte die befragte Hauptamtliche.
- Bei einer anderen jungen Frau im selben Nachbarschaftszentrum spielt die psychische Beeinträchtigung so gut wie keine Rolle. Sie betreut zweimal zwei Stunden pro Woche einen Zeittauschring, erstellt dazu die Listen der Anbietenden und der Nachfragenden und koordiniert die Anfragen. Dazu hat sie ein eigenes System entwickelt und neue kreative Ideen eingebracht. Sie passt sehr gut ins Team und die Mitarbeiterinnen achten darauf, sie nicht zu überfordern. Ausfälle sind kein Problem, da ihre Arbeit nicht termingebunden ist. Es tut ihr sicher gut, dass sie niemals unter Zeitdruck steht.
- In einem Internetcafé sind ebenfalls einige ehrenamtliche Kursleiter psychisch beeinträchtigt, aber dennoch so stabil, dass sie ihre PC-Kenntnisse an Einzelne oder Kleingruppen weitergeben können. Hin und wieder wirken sich bei ihnen auftretende Unruhe und Nervosität auf das Unterrichten aus, »darum sind wir als Hauptamtliche besonders gefragt, das Kursgeschehen so störungsfrei wie möglich zu halten. Es gibt auch

ehrenamtliche ›Springer‹, die einen Kurs kurzfristig übernehmen können, und wenn nötig bringen wir uns selbst mit ein. Wir fühlen uns hier in einer gewissen Fürsorgepflicht und achten auf entsprechende Stimmungsschwankungen. Vor allem machen wir den Betroffenen Mut, selbst zu sagen, wenn es ihnen nicht gut geht.« Und weiter berichtet eine der beiden zuständigen Hauptamtlichen: »Wir haben gelernt, von uns aus, wenn es nötig ist, zu bremsen und auf eine gute Atmosphäre unter den Tutoren und Nutzern zu achten. Da wir mit sehr unterschiedlichen Menschen umgehen, ist es nicht immer leicht, für alle den richtigen Ton zu finden.«

Manuela Wehner engagiert sich für andere – Fallgeschichte

Manuela Wehner (35 Jahre) war vor ihrer Erkrankung Erzieherin und hat in diesem Beruf immer gern gearbeitet. Den Beginn ihrer psychischen Erkrankung datiert sie auf das Jahr 1993 und beschreibt, wie schwer es ihr lange Zeit fiel, zu akzeptieren, »nicht in Ordnung zu sein«. Die Akzeptanz der Krankheit war aber die Voraussetzung dafür, die verordneten Medikamente anzunehmen. Ihre Diagnosen umfassen Magersucht, Borderline-Störungen sowie Schizophrenie mit wiederkehrenden Schüben. Sie leidet unter einer Vielzahl von Symptomen, wünscht sich, die Krankheit besser zu begreifen und sie zu definieren, was aber auf Grund der Vielschichtigkeit sehr schwierig ist, zumal sie auch gesunde Anteile und persönliche Stärken an sich wahrnimmt. Sie erlebt Phasen der Depression, Antriebslosigkeit und Gefühlsarmut und kann zuweilen nicht bestimmen, was noch »normal« und was psychotisch ist.

Dennoch sagt M. Wehner: »Die Krankheit hat einen Sinn. Sie stellt mir eine Aufgabe. Ich muss lernen, mit Grenzen zu leben. Um auch ein wenig loslassen zu können, versuche ich manchmal, mich und meine Krankheit von außen zu betrachten.«

Als einen Vorteil unter anderen für ihre inzwischen gut entwickelten Selbsthilfestrategien sieht sie ihr Alleinwohnen an. Sie habe gelernt, für sich selbst zu sorgen, d.h., sie hat es bis jetzt immer geschafft, auf Körperpflege und ihren Haushalt zu achten – wenn auch zuweilen unter großer Anstrengung. Wichtig für sie ist, sich nach außen zu orientieren und nicht nur Kontakt zu anderen psychisch erkrankten Menschen zu pflegen.

Der Schritt zur Aufnahme einer ehrenamtlichen Tätigkeit war für M. Wehner darum folgerichtig, wenn auch sehr schwer, da sie sich zwischenzeitlich krankheitsbedingt die einfachsten Dinge nicht mehr zugetraut hatte.

Den Impuls zum Tätigwerden erhielt sie von ihrem Psychiater, der ihr eine derartige Aktivität zugetraut und mit den Worten »Sie müssen arbeiten« auch zugemutet habe. Das Vertrauen zu ihrem Arzt wie auch ihr starker Wunsch, etwas Sinnvolles zu tun, haben sie motiviert, in der Freiwilligenagentur *BüroAktiv* in Frankfurt am Main nach einer ehrenamtlichen Aufgabe zu fragen.

Sowohl in der Anlaufstelle *BüroAktiv* als auch bei der Vorstellung in Einrichtungen war es für M. Wehner selbstverständlich, offen über ihre Erkrankung zu sprechen. Mit einer Ausnahme habe sie bei der Suche nach freiwilligen Tätigkeiten überall gute Erfahrungen gemacht. Bei der Ausnahme handelte es sich um die Kinderstation einer Klinik, wo M. Wehner kranken Kindern vorlesen wollte. Hier befürchtete die zuständige Stationsschwester, dass mit einer psychisch beeinträchtigten Ehrenamtlichen eventuell eine zusätzliche Betreuungsaufgabe auf sie zukomme, die sie nicht auch noch bewältigen könne. Diese Absage verkraftete M. Wehner ganz gut, hatte sie doch noch eine andere interessante Tätigkeitsbeschreibung aus dem *BüroAktiv* vorgemerkt.

So begann sie 1999 in einer Schulbibliothek mitzuarbeiten, ohne hier eine besondere Verantwortung zu übernehmen. Dennoch hatte sie zunächst große Angst, etwas nicht zu können und überfordert zu sein. »Meiner Disziplin ist es zu verdanken, dass ich dran geblieben bin. Es wäre nahe liegend gewesen, alles wieder hinzuwerfen«, sagt sie. Und: »Mir war zunächst nicht richtig bewusst, warum ich das mache. Aber schon das Rausgehen war wichtig.« Glück hatte sie in der Bibliothek auch mit der Lehrerin an ihrer Seite. Beide fanden sich sympathisch und im Laufe der Zeit ist eine Freundschaft aus dieser Arbeitsbeziehung entstanden. M. Wehner ist heute – auch nach dem Ausscheiden der befreundeten Lehrerin – noch immer in dieser Schulbibliothek tätig, schreibt Mahnungen bezüglich der Bücherrückgabe an Schüler und deren Eltern, katalogisiert die Bücher und sorgt dafür, dass diese stets am richtigen Platz stehen. Vor allem ist es ihr nach anfänglicher Furcht vor den Kontakten mit den Schülern und Schülerinnen gelungen, seit zwei Jahren die Bücherei allein zu führen und damit auch die Aufsicht und Ausgabe der Bücher während der Öffnungszeiten zu übernehmen.

Als im Jahr 2000 ein erneuter Klinikaufenthalt nötig wurde, entstand bei M. Wehner der Wunsch, auch hier etwas Sinnvolles zu tun, und so half sie in der Kaffeestube der Psychiatrie mit. Nachdem sie für zwei Monate mit einem Bekannten den Service übernahm, fand sie anschließend sogar den Mut, die Kaffeestube allein zu betreiben.

Nach einem Jahr gab sie diese Tätigkeit auf, da sie sich auf Dauer überfordert fühlte, ständig anderen Patienten zuzuhören; sie stieß dabei an ihre eigenen Grenzen.

Zusammen mit ihrem Bekannten beschloss sie, sich um alte Mitpatienten zu kümmern – zunächst in der Psychiatrie, dann in einem Altenheim.

Nachdem sich der Bekannte aus diesem Besuchsdienst zurückgezogen hatte, blieb M. Wehner dabei und besucht auch heute noch einmal wöchentlich eine alte Dame. Sie sagt dazu: »Ich habe eine gewisse Verantwortung ihr gegenüber. Solange ich es leisten kann, besuche ich sie – obwohl nicht immer mit Lust«, und zitiert dabei etwas scherzhaft den Autor Ralph Merkle mit seinem Buch *Nie mehr deprimiert*, in dem er sage: Lust sei Luxus. Dann fügt sie noch hinzu: »Diese Besuche sind sinnvoll, weil ich ihr damit eine Freude mache. Die Situation von alten Menschen in unserer Gesellschaft ist sehr schlecht. Ich kann einen kleinen Beitrag zur Verbesserung leisten, einen Tropfen auf den heißen Stein.«

Ihre freiwillige Arbeit in der Schulbibliothek hat sie sofort nach dem Klinikaufenthalt wieder aufgenommen und sich über das *BüroAktiv* zwei weitere Tätigkeiten ausgesucht: Pfortendienst im Hospital für palliative Medizin und Bürotätigkeiten im Bund für Pflege- und Adoptivfamilien. Den Pfortendienst beendete sie allerdings nach einem Jahr, da sie sich mit einer hauptamtlichen Mitarbeiterin nicht so gut verstand.

Den auf diese Weise entstandenen zeitlichen Freiraum füllte sie mit einer anderen Tätigkeit: In einem Altenheim nahm sie Kontakt zu einer alten Dame auf und begleitete sie bei Besorgungen. Auch hier spürte M. Wehner, dass sie nach einer Weile den Kontakt etwas lockern musste, um sich nicht zu überfordern. Die alte Dame freut sich immer noch, wenn M. Wehner heute einmal im Monat zu ihr kommt und sie zwischendurch anruft.

Innerhalb der letzten drei Jahre hat M. Wehner in einem kleinen Theater zusätzlich einfache Archivarbeiten übernommen und seit einem Jahr betreut sie in einem Hort Kinder bei den Hausaufgaben (einmal pro Woche zwei Stunden).

Dieses hohe Engagement lässt eine Vierzigstundenwoche vermuten, was M. Wehner zurückweist und korrigiert. Sie leistet ganz bewusst wöchentlich zehn Stunden ehrenamtliche Arbeit und strukturiert damit ihre Wochentage. Die vielfältigen Anforderungen in einer Erwerbstätigkeit zu erfüllen, könne sie sich überhaupt nicht vorstellen. Wichtig ist ihr zu erwähnen, dass sie Erwerbslosenrente beziehe und es als ihre Pflicht betrachte, dafür auch etwas für die Gesellschaft zu tun.

Nach Reaktionen und Zeichen der Anerkennung in »ihren« Institutionen befragt, beschreibt M. Wehner ohne zu zögern, dass sie überall sehr viel Wertschätzung und Dank erfahre, dass ihre Fahrtkosten erstattet würden, dass sie Geburtstags- und Weihnachtsgeschenke erhalte, zu Weihnachtsessen eingeladen würde und im Theater kostenlos Vorstellungen besuchen könne.

In der Schulbibliothek erhält sie darüber hinaus sogar eine kleine finanzielle Anerkennung.

Neben der wirklich ausgeprägten Wertschätzung, die ihr überall entgegengebracht wird, ist M. Wehner aber das Gefühl am wichtigsten, gebraucht zu werden. So hat es ihr auch gut getan zu hören, dass die Kinder sie vermissten, als sie in der Klinik war, und sie stürmisch begrüßten, als sie zurückkam. Die Kinder haben M. Wehner dazu verholfen, wieder viel sicherer zu werden.

Und weiter sagt sie: »Seit ich ehrenamtlich tätig bin, geht es mir besser, obwohl ich immer noch Zeiten habe, in denen es mir sehr schlecht geht. Aufgaben zu haben, die Sinn geben, stärkt mein Selbstvertrauen. Ich traue mir wieder mehr zu. Ganz wichtig sind mir auch die Kontakte, aus denen sogar ein paar private Beziehungen geworden sind. Bei den ehrenamtlichen Tätigkeiten bewege ich mich in einer gesunden Welt mit gesunden Menschen, das möchte ich nicht mehr missen.«

Auf die Frage, was sie anderen psychisch erkrankten Menschen empfehle, sagt M. Wehner: »Vor allem auszuprobieren, was möglich ist, eventuell auch mit mehreren Anläufen. Es ist wichtig dranzubleiben, auch wenn stellenweise der Antrieb fehlt. Wie mir das ehrenamtliche Engagement geholfen hat, kann ich erst rückblickend aus heutiger Sicht richtig sagen. Ich muss auch die kleinen Erfolge und Dinge des Lebens schätzen lernen. Wenn ich keine feste Beziehung pflegen kann, so geben mir trotzdem die etwas loseren Begegnungen und Bekanntschaften etwas. Trotz der Hochs und Tiefs muss ich lernen, meine Krankheit als einen Teil von mir zu akzeptieren. Das ist eine Lebensaufgabe.«

Das ehrenamtliche Engagement ist für M. Wehner wichtiger als andere Freizeitaktivitäten. Hobbys wie Lesen oder Sockenstricken betrachtet sie als Entspannung und Ausgleich, während die Ehrenamtlichkeit für sie mit »in Bewegung bleiben« zu tun hat, »seinen Teil beitragen, für andere etwas zu tun«, und »das Selbstvertrauen stärken, indem ich Aufgaben wahrnehme und erfülle«. Abschließend meint sie: »Für mich ist es ideal, was ich bis jetzt erreicht habe.«

Familie, Freundinnen und Bekannte reagieren sehr positiv auf die umtriebige, engagierte Lebensweise von M. Wehner, denn sie erleben mit, wie sie aus ihrem Tätigsein profitiert, wieder lebensbejahender und kontaktfreudiger geworden ist.

Und von außen betrachtet?

In Absprache mit M. Wehner habe ich bei ihren Institutionen nachgefragt, wie deren Erfahrungen bezüglich des Einsatzes einer psychisch beeinträchtigten ehrenamtlichen Mitarbeiterin ausfallen.

Katharina Sutter, Fachreferentin der Geschäftsstelle des Bundesverbands für Pflege- und Adoptivfamilien (PFAD), beschreibt M. Wehner als sehr freundlich, aufgeschlossen, kontakt- und teamfähig. Mit ihrer psychischen Erkrankung gehe sie sehr offen und selbstverantwortlich um, im Arbeitszusammenhang spiele diese so gut wie keine Rolle. Da es Frau Wehner gut gelinge, den Alltag mit seinen Anforderungen auszubalancieren, könne sie auch bei ihrem ehrenamtlichen Einsatz selbst auf ihre Möglichkeiten und Grenzen achten.

Vor allem betont K. Sutter, Manuela Wehner nicht vorrangig und ständig in ihrer Krankheitsrolle zu sehen; vielmehr schätze sie an ihr die kompetente Gesprächspartnerin, mit der man als ehemaliger Erzieherin gut »fachsimpeln« könne. Es sei zu erkennen, dass sie sich mit der Organisation identifiziere und deren Ziele mittrage.

K. Sutter berichtet, dass M. Wehner während ihrer wöchentlichen zwei bis drei Einsatzstunden bei PFAD hauptsächlich Kopierarbeiten ausführe und die Bibliothek betreue, indem sie die Bücher etikettiert und archiviert. Arbeiten am PC seien weniger ihre Sache.

Als Ehrenamtliche ist sie voll in das Arbeitszeitbudget von PFAD eingebunden, und darum bedauert Frau Sutter auch den derzeitigen krankheitsbedingten Ausfall auf unbestimmte Zeit. Auf Grund der phasenweise eintretenden Unterbrechungen würde PFAD gern eine weitere ehrenamtliche Mitarbeiterin finden und wäre auch einverstanden, wenn diese ähnlich gelagerte psychische Probleme wie M. Wehner hätte. Da K. Sutter und ihre Kollegin über psychosoziale Berufsausbildungen verfügen, können ein bis zwei weitere Personen mit psychischen Beeinträchtigungen in der Geschäftsstelle »gut verkraftet« und begleitet werden, allerdings sei damit kein Angebot einer psychosozialen Beratungs- und Betreuungsbeziehung verbunden.

K. Sutter würde gern, soweit es leistbar ist, dazu beitragen, dass sich psychisch beeinträchtigte Menschen mit Hilfe einer ehrenamtlichen Tätigkeit wieder stabilisieren und vielleicht sogar den Weg zurück ins Erwerbsleben finden.

Verallgemeinernd beschreibt K. Sutter von ihrem Verband gewünschte ehrenamtliche Mitarbeiterinnen und Mitarbeiter, unabhängig von gesundheitlichen Beeinträchtigungen, wie folgt. Die Engagierten sollten:

- weitestgehend zuverlässig und pünktlich sein,
- über Teamfähigkeit verfügen,
- mit möglicher Kritik umgehen können,
- Verhinderungen oder längerfristige Unterbrechungen rechtzeitig melden,
- Hierarchien, Weisungsbefugnisse Hauptamtlicher anerkennen,
- Probleme, etwa Überforderung bei der Tätigkeit, ansprechen, um Abhilfe zu schaffen.

Rahmenbedingungen für Ehrenamtliche wie Fahrtkostenerstattung, Übernahme der Unfallversicherung, Bewirtung während des Arbeitseinsatzes, ein gemeinsames Essen an Weihnachten oder der Blumenstrauß an Geburtstagen sind für PFAD ebenso selbstverständlich wie die Bemühung um eine gute Arbeitsatmosphäre.

Frau Schnitzer-Sehl, Lehrerin an der Gesamtschule IGS-Nordend und verantwortlich für die Schulbücherei, arbeitet schon seit längerem mit M. Wehner zusammen, die zweimal wöchentlich bei der Bücherausgabe und dem Zurückordnen ehrenamtlich hilft. Sie äußert sich ausschließlich positiv über das Engagement von Frau Wehner und beschreibt auch deren gute Beziehung zu den Schülerinnen und Schülern. Es habe einige Zeit gedauert, bis sie sich traute, direkt Kontakt zu den Jugendlichen aufzunehmen, aber inzwischen spüre man ihre Sicherheit und Freude dabei.

Frau Schnitzer-Sehl bedauert, dass Frau Wehner hin und wieder Rückfälle in ihre Krankheit erleben und darum auch ihre ehrenamtliche Tätigkeit unterbrechen muss, von Seiten der Schule könnten sie sich aber darauf einstellen. Sollten sich weitere freiwillig Engagierte ebenso gut integrieren wie M. Wehner, so seien sie hochwillkommen, auch wenn sie psychisch nicht so belastbar seien.

M. Wehner kann mit ihrer Selbstdisziplin und Energie sicher als Vorbild für Menschen in ähnlich belastenden Lebenssituationen gelten. Es gibt jedoch viele andere Betroffene, die zwar nicht im selben Umfang wie sie tätig sind, aber trotzdem den persönlichen Gewinn ihres Freiwilligeneinsatzes schätzen und darum engagiert »am Ball« bleiben. Besonders Menschen in schwierigen Lebenslagen bezeichnen das ehrenamtliche Engagement oft als »Hilfe zur Selbsthilfe« oder »Ehrenamt als Therapie«.

Leitfragen zum folgenden Kapitel

Ist es Ihnen wichtig, sich für die Aufklärung über psychische Erkrankungen zu engagieren? Glauben Sie, dass das, was Sie dazu zu sagen hätten, wichtig ist auch für andere?

Kennen Sie die Selbsthilfegruppen und Vereine der Psychiatrieerfahrenen Ihres Ortes? Wissen Sie, was dort konkret getan wird?

Welche Fähigkeiten und Fertigkeiten besitzen Sie, die in diesen Initiativen nützlich sein könnten?

Können Sie sich vorstellen, in einer Selbsthilfegruppe Psychiatrieerfahrener kleinere Organisationsaufgaben zu übernehmen?

Aktiv sein in der Selbsthilfe

Sibylle Prins

Ich möchte an den Anfang meines Beitrags zwei Zitate stellen, die beispielhaft die Bedeutung der Selbsthilfe gerade für psychisch beeinträchtigte Menschen herausstellen:

> »Als ich meinen Job verlor, fiel ich in ein tiefes Loch. Durch die Arbeit in der Selbsthilfe habe ich wieder eine sinnvolle Tätigkeit und eine Tagesstruktur gefunden. Außerdem kann ich meine Ausbildung als Sozialarbeiterin dabei gebrauchen, mit einzelnen Menschen und Gruppen zu arbeiten, das macht mir am meisten Spaß.« (Dörthe Dreppenstedt)

> »Es ist eigenartig, wie aus mir nahezu ein ›Profi-Betroffener‹ geworden ist. Ich weiß manchmal gar nicht mehr so recht, wo mir der Kopf steht vor lauter Terminen, Aufgaben, Pflichten. Aber es macht Spaß. Enorm großen Spaß. Mir begegnen fast täglich neue und interessante Menschen. (...) Ich bekomme auch immer wieder Bestätigungen, ohne die es langfristig nicht geht.« (Rainer Höflacher)

Für mich selbst ist die Selbsthilfe inzwischen sogar zum Berufsersatz geworden. Selbsthilfe scheint also eine Menge bieten zu können.

Arbeitsfelder der Selbsthilfe

Die »eigentliche« Selbsthilfe

Auch wer noch nie eine Selbsthilfegruppe (SHG) besucht hat, hat doch eine Vorstellung davon, was das ist und wie eine solche Gruppe funktioniert: Da kommen Menschen mit einem speziellen Problem regelmäßig zusammen, um sich ohne professionellen Beistand über ihre Schwierigkeiten, Erfahrungen und Bewältigungsmöglichkeiten auszutauschen. In solch einer Gruppe werden sowohl ähnliche wie auch ganz verschiedene Erlebnisse zusammengetragen und die Gruppenmitglieder versuchen sich gegenseitig zu unterstützen. Im Prinzip unterscheidet sich darin eine Selbsthilfegruppe Psychiatrieerfahrener nicht von anderen Selbsthilfegruppen. Allerdings: In der psychiatrischen »Landschaft« finden sich natürlich Menschen mit ganz unterschiedlichen Problemen.

Die meisten SHGs für Psychiatrieerfahrene sind für alle »Diagnosen« offen. Es hat sich aber gezeigt, dass sich in diesen Gruppen oft Menschen mit psychotischen Erfahrungen zusammenfinden, während Menschen mit anderen Diagnosen häufig eher in spezialisierten Gruppen anzutreffen sind, zum Beispiel in Gruppen für Menschen mit Depressionen, Angststörungen, Zwängen, Borderline-Symptomen, traumatischen Erfahrungen usw. Menschen, die Stimmen hören, haben inzwischen ein eigenes Netzwerk gegründet, und es scheint sich ein neues Selbsthilfenetz für Menschen mit manisch-depressiven Krisen zu entwickeln. Hier geht es also meist vorrangig darum, mit den eigenen Erfahrungen umzugehen. Für viele der Mitglieder nimmt der Besuch der Gruppe eine außerordentliche Bedeutung ein. Warum?

Kontakte: Einer der wichtigsten Effekte der Selbsthilfe sind die vielen informellen Kontakte, die sich dabei entwickeln können. Psychiatrieerfahrene geraten häufig durch Arbeitslosigkeit, Ausgrenzung und Stigmatisierung in eine sozial isolierte Situation. In der Selbsthilfebewegung schließen viele Menschen neue Bekanntschaften und Freundschaften, bis hin zu Paarbeziehungen. Das Verständnis und die Toleranz gegenüber psychischen Problemen ist unter den Betroffenen oft – nicht immer – eben doch recht groß. Diese neuen Kontakte kann man natürlich nicht als Selbstverständlichkeit erwarten oder einfordern, aber sie ergeben sich eben häufig. In diesen Beziehungen verläuft alles nach Sympathie und die eigentliche Krankheitsgeschichte bzw. Psychiatrie-Erfahrung tritt meist nach einiger Zeit in den Hintergrund. Es geht dann vielmehr um gemeinsame Freizeitgestaltung, Interessen und Hobbys oder auch um gegenseitige (!) Unterstützung im Alltag:

- bei größeren Aktionen wie etwa Umzüge und Renovierungen,
- Begleitung bei Angst machenden Terminen (z.B. Behörden),
- Hilfestellungen in Krankheitszeiten,
- Hilfestellungen bei denjenigen Aufgaben, bei denen ein anderer kompetenter ist als man selbst (Hilfestellung beim Computer, beim Hausputz, bei Transporten usw.).

Solche neuen Kontakte zu finden und zu pflegen verlangt natürlich etwas Eigeninitiative und eine gewisse Neugier.

Hilfen bei Krisen: Natürlich finden viele Psychiatrieerfahrene innerhalb der Selbsthilfe auch Ansprechpartner und -partnerinnen für auftretende psychische Schwankungen, sei es durch Telefonate, Besuche oder umfangreichere Hilfestellungen. Hierbei muss der »Hilfesuchende« allerdings aufpassen, den anderen nicht als »seelischen Mülleimer« zu missbrauchen, und der Gesprächspartner bzw. Begleiter sollte sich Gedanken darüber machen, wie weit seine Hilfsbereitschaft wirklich gehen kann und soll. Bei Überforderungsgefühlen sollte er auch deutlich werden lassen, dass die Grenze erreicht ist. Einige Verbände und Gruppen von Psychiatrieerfahrenen bieten mittlerweile auch regelmäßige Beratungsstunden an – verwiesen sei hier als stellvertretendes Beispiel auf die Psychopharmaka-Beratung des Bundesverbandes der Psychiatrie-Erfahrenen (BPE).

Für viele Psychiatrieerfahrene ist es in Klinikphasen außerdem eine gute Erfahrung, von Selbsthilfebekannten Besuch zu bekommen oder von diesen bei der Aufnahme in die Klinik (oder bei Gesprächen mit Professionellen) begleitet zu werden. Es gibt mittlerweile auch schon einige Erfahrung, dass Psychiatrieerfahrene andere Betroffene in der Krise begleitet haben, ohne dass ein Klinikaufenthalt nötig geworden ist, indem eine kleine, vertraute Gruppe – also kein Einzelner – den Betroffenen rund um die Uhr begleitete. Hierfür ist es allerdings nötig, vorher diese Situation und die eventuell auftretenden Schwierigkeiten möglichst genau durchzusprechen und Absprachen über das Verhalten in Grenzfällen (z.B. Aggressivität oder Konflikte zwischen Betroffenem und Begleitern) zu treffen. Es sollte ebenfalls überlegt werden, ob und wann man bei dieser Form von Selbsthilfe doch lieber professionelle Hilfe in Anspruch nimmt.

Austausch: Eine Veranstaltungsform, die zwischen dem privatpersönlichen Austausch in einer SHG und einer politischen Interessenvertretung angesiedelt ist, sind die Psychose-Seminare. Diese finden sich inzwischen an ca. 120 Orten im deutschsprachigen Raum. Manchmal finden sie in psychiatrischen Einrichtungen statt, oft aber auch außerhalb der Psychiatrie, zum Beispiel in einer Volkshochschule oder in einem Bürgerzentrum. Der Gedanke ist der, dass diejenigen, die bei einer psychotischen Krise beteiligt sind – Psychose-Erfahrene, Angehörige/Freunde und psychiatrische Mitarbeiter –, sich außerhalb des aktuellen Behandlungsrahmens auf gleichberechtigter Ebene treffen und ihre jeweils oft sehr unterschiedlichen Erfahrungen und Perspektiven miteinander austauschen.

In der Regel stehen die Psychose-Seminare auch interessierten Bürgerinnen und Bürgern des Ortes offen. Idealerweise ist die Vorbereitungs- und Moderationsgruppe auch trialogisch besetzt, d.h. mit Betroffenen, Angehörigen und professionell Tätigen. Es haben sich jedoch inzwischen von Ort zu Ort unterschiedliche Traditionen des Vorgehens herausgebildet: In einigen Städten wird weniger Wert auf das Erzählen der persönlichen Geschichte gelegt, sondern es werden Referenten zu Themen eingeladen, die für alle drei beteiligten Parteien interessant sind. Die Teilnahme an einem Psychose-Seminar lohnt sich auf jeden Fall – und vielleicht mögen Einzelne sich dann doch gern an Gründung oder Vorbereitung und Moderation beteiligen.

Selbsthilfe als (politische) Interessenvertretung

Neben dieser »klassischen« Selbsthilfe, bei der es um Kontakte, Erfahrungsaustausch, Umgang mit Krisen, Alltagsproblemen und auch um Freizeitgestaltung geht, gab es in der organisierten Betroffenenbewegung von Beginn an noch einen weiteren Motivationsstrang. Die Bewegung formierte sich ursprünglich auch als Protestbewegung und speiste sich ganz wesentlich aus einem psychiatriekritischen Potenzial. Unter anderem bedeutete das, dass wir nicht länger nur »Objekt« von Behandlungsformen und Institutionen sein wollen, denen wir uns unterordnen sollen, sondern wir wollen an Planungen, Entscheidungen und Gestaltungen der psychiatrischen Behandlung beteiligt werden, wie es ja das Recht eines jeden Bürgers ist. Allmählich beginnt sich das zu verwirklichen. In einigen Regionen sind Psychiatrieerfahrene in den wichtigsten psychiatriepolitischen Gremien vertreten, etwa in kommunalen Psychiatrie-Beiräten, regionalen psychosozialen Arbeitsgemeinschaften, Klinikbeiräten etc.

Auch auf Landes- und Bundesebene versuchen Psychiatrieerfahrene Einfluss auf politische Entwicklungen und Gesetzesvorhaben zu nehmen. In einigen Bundesländern sind sie inzwischen an den Besuchskommissionen, welche die Klinken regelmäßig inspizieren, beteiligt. Es ist vielleicht nicht jedermanns Sache, sich auf dieser Ebene politisch zu betätigen, aber »der Appetit« kommt zuweilen doch beim Essen. Diejenigen, die zuerst unsicher in solche Gremien »hineingeschlittert« sind, merken dann bei der Arbeit, wie viel Neues man dort lernen kann und dass das eigene Engagement mitunter (!) wirklich lohnend ist. Einigen mag solche Gremienarbeit allzu trocken vorkommen, etwa wenn die Umsetzung neuer Gesetze diskutiert wird. Allerdings ist es oft so, dass in oberflächlich »langweiligen« Sitzungen die wirklich wichtigen Entscheidungen getroffen werden, die sich dann später ganz gravierend auf einzelne Betroffene auswirken. Generell ist es natürlich von Vorteil, wenn man von vornherein ein Interesse an politischer Arbeit mitbringt oder sogar Vorerfahrungen auf diesem Gebiet hat.

Wer nicht so sehr daran interessiert ist, Politik »nach außen« zu machen, mit Politikern, Chefärzten und Geschäftsführern zusammenzutreffen: Die jeweiligen Landesverbände und der *Bundesverband Psychiatrie-Erfahrener* sind immer offen für neue Mitstreiter und Mitstreiterinnen, denn da sind:

- die Vorstände turnusmäßig zu besetzen,
- Rundbriefe mitzugestalten,
- Mitgliederversammlungen, Tagungen, Workshops oder andere Aktionen wie Unterschriftensammlungen oder Demonstrationen zu organisieren sowie
- zahllose Themen zu erarbeiten, mit denen sich diverse Arbeitsgruppen beschäftigen.

Wer also interessante oder wichtige Kenntnisse und Erfahrungen mitbringt, kann diese natürlich selbst in solche Foren einbringen und Arbeitsgruppen o.Ä. anbieten. Wobei es nützlich ist, diese Verbände und Arbeitsformen erst einmal als gewöhnliches Mitglied oder Teilnehmer kennen zu lernen, bevor man sich daranmacht, diese Organisationen »auf den richtigen Weg bringen« zu wollen.

An dieser Stelle auch ein Hinweis auf das Europäische Netzwerk ENUSP *(European Network of Users and Survivors of Psychiatry)*, dessen Diskussionen man nicht nur per Mailingliste verfolgen kann, sondern welches auch europäische Tagungen für Psychiatrieerfahrene ausrichtet. Ein Blick über den Tellerrand und der Austausch mit Psychiatrieerfahrenen aus dem europäischen Ausland kann auch interessante Erkenntnisse und Erfahrungen erbringen. Vielleicht hat der eine oder die andere sich schon immer Auslandskontakte gewünscht. Und: Ein weltweites Netzwerk gibt es natürlich auch: WNUSP.

Nun wird es Leute geben, die sagen: »Das ist mir alles zu abstrakt. Ich möchte lieber etwas tun, was direkt einzelnen Psychiatrieerfahrenen zugute kommt.« Dann könnte beispielsweise die Mitarbeit in einer unabhängigen *Beschwerdestelle* in Frage kommen, von denen es bereits einige gibt. Diese Beschwerdestellen, die von psychiatrischen Trägern unabhängig sein sollen – häufig sind sie an so genannte Patientenstellen oder Gesundheitsläden angegliedert –, nehmen Beschwerden von Psychiatrieerfahrenen und/oder Angehörigen über die Behandlung und Betreuung auf, und versuchen für den Beschwerdeführer eine Klärung herbeizuführen. Die Möglichkeiten der Beschwerdestellen enden dort, wo die Einschaltung eines Rechtsanwaltes oder ein Gerichtsverfahren notwendig wird. Über die Gründung und Arbeitsweise kann man sich bei den bereits bestehenden Beschwerdestellen informieren.

Daneben bietet sich die Möglichkeit, in *Projekten und Initiativen* mitzuarbeiten. So gibt es in mehreren Städten Gruppen oder sogar Vereine, die sich zum Ziel gesetzt haben, alternativ zur psychiatrischen Klinik Weglauf- oder Krisenhäuser einzurichten, ggf. auch nur eine »Krisenwohnung« oder ein »Krisenzimmer«.

Öffentlichkeitsarbeit

Öffentlichkeit fängt streng genommen dort an, wo man über die eigene Person hinausgeht, also im allernächsten Umkreis: Familie, Freundeskreis und eventuell gehören noch Nachbarn und/oder Kollegen dazu. Nun ist es nicht ratsam, in diesem nahen sozialen Umfeld ständig nur über die eigene Psychiatrie-Erfahrung zu reden oder im Stadtviertel bzw. am Arbeitsplatz damit hausieren zu gehen, aber es ergibt sich doch oft die Notwendigkeit, in irgendeiner Form darüber zu sprechen oder sich sogar outen zu müssen. Damit es nicht zu einer Verstärkung der Stigmatisierung kommt, ist es auch bei dieser Form von »Öffentlichkeitsarbeit« nötig, sich Folgendes zu überlegen:

- Was will ich sagen? (Botschaft)

- Mit wem habe ich es zu tun? (Zielgruppe)
- Wie bringe ich mein Anliegen rüber? (Medium und Gestaltung)

Wer noch ganz unsicher ist auf dem Gebiet, mit anderen oder gar fremden Menschen über die eigene Psychiatrie-Erfahrung zu sprechen, kann hierzu in den oben erwähnten Psychose-Seminaren oder in der Selbsthilfegruppe Wesentliches lernen. Damit bin ich wieder bei der Selbsthilfegruppe angelangt, die natürlich auch auf sich und ihr Anliegen aufmerksam machen muss: vielleicht durch eine Pressenotiz, Aushänge für Klinik, Tagesstätte, Kontaktstelle, durch Flyer, die an Interessierte weitergegeben werden können. Je ansprechender diese Materialien in Text und Lay-out gestaltet sind, desto eher haben sie eine Chance, nicht gleich im Papierkorb zu landen. Also tut sich dort auch ein Betätigungsfeld auf, was sich noch erweitert, wenn Einladungen zu Veranstaltungen geschrieben werden sollen etc. Ähnliches gilt für die Gestaltung eines Standes bei Veranstaltungen.

Eine andere Art, sich an eine Öffentlichkeit zu wenden, bieten die Selbsthilfezeitungen für Psychiatrieerfahrene, von denen es längst eine ganze Reihe gibt. Die meisten dieser Zeitungen, die in Umfang und Aussehen ganz verschieden sind, veröffentlichen Erfahrungsberichte, Buchbesprechungen, manchmal auch Filmtipps oder Berichte von Veranstaltungen. Meistens gibt es auch noch einen literarischen Teil, in dem Gedichte und Kurzgeschichten abgedruckt werden. Die Möglichkeiten zur Mitarbeit sind wieder vielfältig: Man kann zu Hause bleiben und lediglich Texte oder grafisches Material (Zeichnungen, Bilder, Fotos) einsenden und den Rest der Redaktion überlassen. Vielleicht möchte man aber lieber gleich in der Redaktion mitarbeiten und damit an der Auswahl der Texte bzw. der Gestaltung des Blattes beteiligt sein. Andere interessieren sich vielleicht stärker für Layout und Gestaltung. Es gibt inzwischen leicht handhabbare und nicht einmal sehr teure Software speziell für die Gestaltung solcher Vereinszeitungen. Und dann muss es natürlich auch noch jemanden geben, der sich um die Finanzierung, eventuell den Verkauf und Vertrieb kümmert.

Natürlich besteht die Möglichkeit, auf die psychiatrische Öffentlichkeit allgemein einzuwirken. Dazu bieten sich in erster Linie »trialogisch« (professionell Tätige, Angehörige, Betroffene) angelegte Fachzeitschriften an, die in gewissem Umfang (kurze) Erfahrungsberichte oder auch Sachtexte von Psychiatrieerfahrenen abdrucken. Allerdings können aus Platz- und Qualitätsgründen nicht alle Beiträge aufgenommen werden, meistens müssen die Texte dann zudem zum Schwerpunktthema des Heftes passen. Zu nennen wären hier die *Soziale Psychiatrie*, *Der Eppendorfer* oder die *Psychosoziale Umschau*.

Für einige Psychiatrieerfahrene ergibt sich auch die Möglichkeit, an kleineren oder größeren psychiatrischen Tagungen als Referierende teilzunehmen. Besonders wenn es sich um Tagungen in der eigenen Stadt/Region handelt, ist es gut, wenn sich dort Psychiatrieerfahrene bereit finden, aus ihrer Sicht zu berichten. Ebenfalls gibt es einige aufgeschlossene Institutionen, die Psychiatrieerfahrene für die Psychiater- und Mitarbeiterausbildung hinzuziehen. Wo das noch nicht geschieht, kann man ja seine Mitwirkung als »Erfahrungsprofi« hartnäckig anbieten.

Einen Schnittpunkt zwischen psychiatrischer und allgemeiner Öffentlichkeit ist die Präsenz im *Internet*. Da kann man an Chats, Foren, Mailinglisten teilnehmen, Erfahrungsberichte bzw. literarische und künstlerische Produktionen einstellen oder einfach nur surfen. Einzelne Psychiatrieerfahrene, Selbsthilfegruppen und die Betroffenenverbände haben vielfach auch eigene Homepages. So eine Homepage muss nicht nur inhaltlich konzipiert werden, es braucht auch jemanden, der für die technische Umsetzung und Pflege der Seite zuständig ist.

Einige wagen irgendwann auch den Sprung in die allgemeine Öffentlichkeit: So haben etliche Psychiatrie-Erfahrenen-Initiativen schon gute Erfahrungen mit selbst gestalteten Radiosendungen, meist bei kleineren, lokalen Sendern gemacht. Das Schöne am Radio ist ja, dass man notfalls anonym bleiben kann und insgesamt das Thema häufig ausführlicher darstellen kann. Bei solchen Radiowerkstätten stehen einem meist versierte Fachleute für Sendungsgestaltung und Handhabung der Technik zur Seite.

Eine besondere Form der Öffentlichkeitsarbeit ist das Berichten von Psychiatrieerfahrenen über psychische Krisen und psychiatrische Behandlung vor (Fach-)Schulklassen und Studiengruppen. Diese erfolgen in Kooperation mit den Lehrern, manchmal auch mit psychiatrischen Mitarbeiterinnen und Mitarbeitern meist innerhalb einer Unterrichtsreihe zum Thema »Psychiatrie« oder »Seelische Gesundheit«. Dabei hat man als Psychiatrieerfahrener die Gestaltung des Berichtes und der Diskussion weitgehend selbst in der Hand. Wem es Spaß macht, mit Gruppen von jungen Menschen zu arbeiten und zu diskutieren, für den ist das eine lohnende Angelegenheit.

Einige allgemeine Sätze zum Thema Öffentlichkeit: Viele Betroffene stellen sich die Frage, ob sie durch solches »Outing« nicht Nachteile erfahren könnten. Es ist zum Beispiel verständlich, wenn Psychiatrieerfahrene keine Öffentlichkeit wünschen, weil sie familiäre, berufliche oder sonstige soziale Schwierigkeiten befürchten. Ob diese auftreten oder auch nur erwartbar sind, hängt sehr von der jeweiligen Situation ab, in der man lebt, und von dem Medium, mit dem man an die Öffentlichkeit geht. Briefe oder Texteinsendungen sollten trotzdem nicht anonym erfolgen, da sie dann keine Chance haben, gedruckt zu werden. Man kann aber die Redaktionen bitten, den Namen zu verschweigen, oder ein Pseudonym benutzen. Auch kann man Journalisten bitten, den Namen nicht zu nennen und nicht zu fotografieren. Ferner kann man sich auf eine begrenzte und »geschützte« Öffentlichkeit beschränken. Ein Erfahrungswert: Da man bei diesen eher geregelten Formen der Öffentlichkeit eine ganz andere Rolle hat und nicht als bedauernswerter, abzulehnender »psychisch Kranker« auftritt, sondern als »Experte aus Erfahrung«, sind negative Reaktionen von Seiten des Publikums sehr selten. Im Gegenteil zeigt sich dieses oft beeindruckt, wenn Menschen den Mut haben, offen über psychische Krisen zu sprechen. Ein Beitrag also zur Entstigmatisierung!

Kreative und künstlerische Tätigkeit

Viele Psychiatrieerfahrene widmen sich kreativen Beschäftigungen wie Malen, Schreiben oder Kunsthandwerklichem. Es tut nicht nur gut, inneres Erleben nach außen zu bringen, sondern solche Tätigkeiten strukturieren Empfindungen und Alltag, bringen – manchmal wortwörtlich – Farbe ins Leben, verschaffen mitunter neue Einsichten und machen einfach auch Spaß. Wie kann man innerhalb der Selbsthilfe diesen Bereich erweitern, Kontakte finden oder an die Öffentlichkeit gehen?

Bevor die luftigen Höhen der eher anspruchsvolleren künstlerischen oder literarischen Schaffens beleuchtet werden, erst wieder ein Blick auf das Alltägliche: Miteinander oder füreinander zu kochen und zu backen schafft Nähe und eine gesellige Atmosphäre. Man kann sich auch mit Schneidern, Tischlern, der Herstellung von Dekorationen oder Schmuck, kleineren Reparaturen (am besten im Rahmen einer Tauschbörse [siehe dazu den Beitrag von P. Weber zu Zuverdienstmöglichkeiten], damit man nicht in Konflikt kommt mit gewerblichen Anbietern) und allen anderen handwerklichen oder kunsthandwerklichen Produkten beliebt machen. In manchen Zusammenhängen kann man damit dann auch getrost über die Selbsthilfeszene hinausgehen und ein wenig hinzuverdienen – etwa wenn man Selbsthergestelltes auf Flohmärkten anbietet oder sich mit entsprechenden Kleinunternehmen (z.B. Möbelaufarbeitung) zusammentut.

Diejenigen, die sich stärker künstlerischer Arbeit widmen, haben verschiedene Möglichkeiten: Viele psychiatrische Einrichtungen – meist weniger die großen Kliniken, oft aber Tagesstätten und Kontaktstellen – haben durchaus Interesse, Bilder oder Skulpturen von psychiatrieerfahrenen Künstlerinnen und Künstlern aus- bzw. aufzustellen. Einfach mal nachfragen, also!

Manche Künstler allerdings fühlen sich eingeengt und abgestempelt, wenn sie »nur« innerhalb der Psychiatrie ausstellen sollen. Das ist eine verständliche Haltung, trotzdem sollte man sich überlegen, ob nicht diese besondere Öffentlichkeit besser ist als gar keine Öffentlichkeit. Mehr noch: Manche größeren psychiatrischen Einrichtungen haben auch »Kunsthäuser«, Kunstwerkstätten, Ateliers o.Ä., die zum einen Ausstellungen organisieren, die für die allgemeine Öffentlichkeit zugänglich sind, oft aber auch über gute Kontakte zur lokalen Kunstszene verfügen, sodass von dort aus der »Sprung« von einer rein psychiatrisch interessierten Öffentlichkeit in die Allgemeinheit vorbereitet werden kann. Bei entsprechendem Erfolg ergeben sich vielleicht Kontakte, die sonst nicht möglich wären.

Für diejenigen, denen die Kunst zum Lebensinhalt geworden ist oder werden soll, empfiehlt es sich, nach Ausstellungsmöglichkeiten außerhalb der psychiatrischen Öffentlichkeit Ausschau zu halten und eventuell sogar einer Künstlergruppe oder einem -verband beizutreten. Wobei dann eine einigermaßen realitätsgerechte Einschätzung der Werke vonnöten ist – wer eher hobbymäßig liebliche Landschaftsbilder und Blumen malt, ist in einer Gruppe, die sich der Avantgardekunst verschrieben hat, fehl am Platze und umgekehrt. Ein Projekt, bei dem psychiatrieerfahrene Künstler und Künstlerinnen finanziell gefördert werden sollen, existiert zumindest schon virtuell, nämlich im Internet (www.kuenstlerpatenschaften.de).

Denjenigen, denen das Schreiben am Herzen liegt, stehen natürlich diejenigen Möglichkeiten offen, die sich allen Autoren bieten – oder eben nicht bieten, denn: Die Konkurrenz ist enorm groß. Deshalb sei hier noch einmal auf die oben erwähnten Selbsthilfezeitungen verwiesen. Des Öfteren gibt es auch Schreibaufrufe oder Buchprojekte, die sich speziell an Psychiatrieerfahrene wenden. In dem Zusammenhang soll der *Brückenschlag – Zeitschrift für Sozialpsychiatrie, Literatur und Kunst* des Paranus-Verlags genannt werden. Diese Zeitschrift erscheint einmal jährlich in Buchform, zu jeweils einem Schwerpunktthema. Neben Texten aller Art werden auch in gewissem Umfang Fotos von Bildern, Objekten und Skulpturen darin abgedruckt.

Malen, Bildhauern, Schreiben – es gibt noch andere Möglichkeiten, sich künstlerisch auszudrücken, zum Beispiel über Film, Theater, Musik. Bundesweit bekannt ist zum Beispiel die Blaumeier-Theatergruppe aus Bremen, aber an etlichen Orten gibt es weitere Theaterprojekte, die zum Teil von psychiatrischen Mitarbeitern oder aber von professionellen Theatermachern geleitet werden. Wer traut sich auf die Bühne? Und wenn es weit und breit nichts dergleichen gibt: Vielleicht finden sich ja ein paar motivierte Menschen mit Ideen zusammen. Wem das aktive Schauspielen doch zu riskant ist, der hat aber vielleicht den Mut, »passiv« dabei zu sein: Es ist eine spannende persönliche Aufgabe, sich mit Wahnsinn im Film zu beschäftigen. Man muss Fernseh- und Kinoprogramm nur aufmerksam »studieren«.

Fragen rund um die Selbsthilfe

Persönliche Ressourcen – Umgang mit Belastungen

Manche Menschen schrecken vor einem Engagement in der Psychiatrie-Selbsthilfe zurück, weil sie befürchten, dann zu starken Belastungen ausgesetzt zu werden, die ihnen möglicherweise selbst schaden. Natürliche können besondere Belastungsmomente auftreten, allerdings kann man gegen diese Strategien entwickeln.

Einige Interessierte trauen sich nicht so recht an die Selbsthilfe heran, weil sie Angst haben – oder dies schon erlebt haben –, dass sie von zu vielen negativen Schicksalen anderer Leute »heruntergezogen« werden, oder weil sie glauben, Selbsthilfe bedeute, unentwegt und unaufhörlich im eigenen und fremden Leid zu wühlen. Dabei ist das Gegenteil der Fall: Selbsthilfe motiviert gerade dazu, das Leiden hinter sich zu lassen, sich aktiv für die eigenen Interessen und die von Mitbetroffenen einzusetzen. Es stimmt natürlich, dass man in der psychiatrischen Selbsthilfe Menschen begegnet, die traumatische Erfahrungen – innerhalb oder außerhalb der Psychiatrie – gemacht haben, deren Lebensläufe von vielen Brüchen gekennzeichnet sind und die immer neu von schwerwiegenden psychischen Krisen betroffen sind. Ob man sich hierdurch selbst negativ beeinflusst fühlt, hängt von diversen Faktoren ab: zum Beispiel von der Fähigkeit, mit schlechten Erfahrungen anderer Menschen umzugehen. Wie kann man nun der eigenen Verzweiflung vorbeugen oder sie umwandeln? »Abstumpfung« ist natürlich kein geeignetes Mittel.

Es hilft, eine konstruktive Sichtweise auf den anderen Menschen einzunehmen und sich bewusst zu machen, welche Fähigkeiten das Gegenüber mitbringt. Dabei geht es nicht nur um äußerlich definierbare Fähigkeiten, etwa dass jemand ein besonderes Wissen über ein Thema hat oder in bestimmten Tätigkeiten ein Könner ist, sondern auch um Zwischenmenschliches, Atmosphärisches: Vielleicht ist dieser Mensch besonders humorvoll, besonders tiefsinnig, hat eine poetische Zartheit, andere Dinge, die ihn interessant und anziehend machen. Dann stehen auch nicht mehr nur noch seine Probleme im Blickfeld.

»Ich fand [in der Selbsthilfegruppe] Menschen wie mich, mit denselben Schwierigkeiten. Ich sah sie als Menschen mit vielen anderen Fähigkeiten: lesen, schreiben, malen, Musik machen, sich einfühlen, zuhören, als Menschen mit liebevoller Zuwendung, sich selbst und anderen gegenüber«, so beschreibt es S. Sommer (in: Prins 2002, Seite 80 f.)

Für viele ist es so, dass sie in der Selbsthilfebewegung erstmals wirklich Gleichgesinnte finden, Menschen mit ähnlichen Erfahrungen, Menschen, von denen man sich verstanden fühlt. Und mit denen man nicht nur übereinstimmende Erfahrungen teilt, sondern auch gemeinsame Pläne und Projekte entwickeln und ausführen kann – für manchen nach langer »Aus«-Zeit endlich wieder ein »Dabeisein«!

Manche meinen vielleicht auch, von einem stärkeren Engagement in der Selbsthilfe zeitlich oder kräftemäßig überfordert zu werden. Tatsächlich ist die Selbsthilfe so etwas wie eine »Aktivitätenfalle« – die Zahl der Menschen, die Rat oder Hilfe brauchen könnten, ist beinahe unendlich, die Arbeitsgruppen und Treffen schießen mitunter wie Pilze aus dem Boden. Positiv formuliert bedeutet das: am Leben teilnehmen können, Ideen haben dürfen, Pläne umsetzen können und Fähigkeiten, die zum Beispiel beruflich nicht gefragt sind, ausleben oder überhaupt erst erlernen zu können. Wer sich trotzdem vor zu großer Arbeitslast fürchtet, hier einige Anregungen zum Umgang damit:

Prioritäten festlegen: Auf welchem Gebiet der Selbsthilfe will ich mich eigentlich engagieren? Sind Arbeitsgruppen oder politische Gremien das richtige Betätigungsfeld für mich? Kann ich oder will ich Krisenbeistand bei einzelnen Personen leisten? Wenn ja, bei wem und in welchem Umfang?

Arbeiten delegieren: Die Arbeit sollte auf möglichst viele Schultern verteilt werden! Wer könnte diese oder jene Aufgabe sonst noch wahrnehmen (vielleicht sogar besser als ich)? Wer hat sich schon mal interessiert gezeigt oder hat Erfahrungen auf diesem Gebiet? Durch Verteilung von interessanten Aufgaben kann man sicher auch noch einige bis dahin zögernde Menschen zum Mitmachen motivieren. Nein sagen lernen: Gegebenenfalls muss man auch mal »Nein« sagen, Projekte oder Anliegen ablehnen können. Das fällt engagierten Selbsthilfemitgliedern manchmal schwer: Alles scheint gleich wichtig zu sein – ist es oft aber nicht! Hier muss man der Tendenz entgegenwirken, dass überhöhte Erwartungen an die Selbsthilfe gestellt werden, und man darf auch ruhig auf die begrenzten eigenen Kapazitäten hinweisen.

Ruhephasen einlegen: Private Interessen und Ruhephasen sollten bewusst gepflegt werden. Die Selbsthilfe soll uns Psychiatrieerfahrene ja nicht in erneute Krisen hineinführen. So hat der recht triviale Ratschlag, man müsse »sich selbst etwas Gutes tun« eben doch seinen Sinn. Denkbar ist zum Beispiel, gezielt eine oder mehrere Stunden am Tag nur für das eigene Wohlergehen einzuplanen oder das Wochenende oder auch einen Tag pro Woche von jeglicher Selbsthilfeaktivität freizuhalten.

Man sollte sich aber nicht von vornherein durch den Gedanken – und es ist ja nur ein Gedanke –, es könne einem zu viel werden, abschrecken lassen. Die Erfahrungen zeigen, dass Selbsthilfe ein gutes Mittel ist, eigene, vielleicht verschüttete Potenziale wieder zu aktivieren oder überhaupt erst einmal kennen zu lernen. Psychiatrieerfahrene leiden oft darunter, dass ihnen sehr wenig reale Erfolgserlebnisse vergönnt sind. Die Mitarbeit in der Selbsthilfe kann solche Erfolgserlebnisse verschaffen, die anderswo vielleicht vergeblich gesucht werden.

Zwischenmenschliches

Wenn die Selbsthilfe dazu beiträgt, dass man neue Freunde und Bekannte findet, ein vielleicht zerstörtes soziales Netz neu aufbauen kann, dann ist das eine gute Sache. Man staunt immer wieder, wie sich über die Selbsthilfe die Zahl der Kontakte vermehrt, wie viele nette (oder sogar sehr nette), kompetente, interessante und kreative Menschen man darüber kennen lernt. Und wie verschieden diese alle sind! Nur: Die Selbsthilfe Psychiatrieerfahrener ist nicht in erster Linie ein Sympathieclub oder ein Marktplatz für »einsame Herzen«. Das heißt, dass man nicht nur auch auf Menschen treffen wird, die einem unsympathisch sind oder mit denen man am liebsten gar nichts zu tun hätte, sondern – wenn man denn ernsthaft an der Sache interessiert ist – womöglich deren Gegenwart man ertragen, mit denen man sogar einigermaßen sachlich zusammenarbeiten muss. Hierzu ein Zitat von Samuel Goldwyn, der einmal sagte: »Lebenskunst ist zu 90 Prozent die Fähigkeit, mit Menschen auszukommen, die man nicht mag.«

Häufig sind es aber nicht die großen, offensichtlichen Unterschiede, die »nerven« oder Ärger verursachen, sondern unterschwellig ablaufende Prozesse: Da kann es dann zu Konkurrenzsituationen kommen: Wer ist das engagierteste, wichtigste, kompetenteste, am meisten redegewandte, kurz wirklich unentbehrliche Mitglied in der Selbsthilfe? Wer hat »immer Recht«? Um solchen Profilierungskämpfen vorzubeugen, hilft eine relativ klare, abgesprochene Aufgabenverteilung untereinander. Man sollte von vornherein dafür sorgen, dass jeder, der sich engagieren will, für seine Vorlieben und Ideen auch den nötigen »Raum« und die Unterstützung bekommt. Und: Nicht jeder muss mit jedem zu tun haben.

Auch wenn alles gut läuft: Sich gegenseitig Bestätigung zu geben, Wertschätzung für die Leistung und Person eines anderen zu zeigen – ohne dabei in peinlich-übertriebenes »therapeutisches Loben« zu verfallen – gehört zu den wichtigsten Grundlagen einer gelingenden Zusammenarbeit. Denn dort, wo Menschen unentgeltlich für sich und andere tätig werden, dazu noch auf so einem schwierigen Gebiet wie der psychiatrischen Selbsthilfe, da haben sie schon anerkennende Worte (oder Taten) verdient!

Und noch ein Hinweis zur Verbesserung der Laune und des »Betriebsklimas«: Gruppen, die viel zusammenarbeiten, sollten sich hin und wieder auch in einem eher geselligen Rahmen treffen, beispielsweise bei einem gemeinsamen Essen, einem Ausflug oder einer anderen Freizeitaktivität. Dabei kann man sogar Vergnügen und Arbeit manchmal verbinden: Wenn man etwa eine Psychiatrieerfahrenen-Initiative in einer anderen Stadt besucht, kommen bestimmt die kleinen und großen Reiseerlebnisse wie von selbst! Feste und andere »Highlights« gehören ebenso zur Selbsthilfekultur dazu.

In der Selbsthilfe kann man vielfältige zwischenmenschliche Erfahrungen machen – von der eher sachbezogenen, kollegialen Zusammenarbeit bis zur tiefen Freundschaft – oder auch der streitbaren Auseinandersetzung. Für viele ist es eine besonders gute Erfahrung, dass man in der Selbsthilfe nicht wieder auf die passive »Krankenrolle« reduziert wird, immer nur Nehmender sein muss, sondern Gelegenheit hat, auch anderen etwas geben zu können, gebraucht zu werden oder Unterstützung zu leisten.

Geld und Fortbildung in der Selbsthilfe

Selbsthilfe kostet zunächst einmal Geld. Auch wenn man den Gruppenraum gratis zur Verfügung gestellt bekommt, entstehen doch andere Kosten: für Kopien, Telefon und Porto, für den Druck von Flyern und Aushängen, Reisefahrten und eventuell Bewirtungskosten, Referentenhonorare und Kosten für besondere Projekte (z.B. Ausstattung eines Büros, Selbsthilfezeitung, Veranstaltung einer Tagung). Selbst wenn alles im kleinen Rahmen bleibt, wird meistens von den Mitgliedern eine Umlage oder ein Mitgliedsbeitrag erhoben, wobei auf die zumeist geringen Einkommen der meisten Psychiatrie-Erfahrenen Rücksicht genommen wird.

Die bisher wichtigste Finanzierungsquelle ist die gesetzlich vorgeschriebene Selbsthilfeförderung durch die Krankenkassen. Informationen über die Förderungsbedingungen und das Antragsverfahren erhält man bei den Selbsthilfekontaktstellen, den Krankenkassen oder natürlich bei jenen Psychiatrieerfahrenen-Verbänden, die mit dieser Finanzierung bereits Erfahrung haben.

Die Arbeit in der Selbsthilfe wird normalerweise ehrenamtlich, d.h. ohne Entgelt, geleistet. Immer mal wieder gelingt es aber einzelnen Verbänden, zumindest vorübergehend, reguläre, bezuschusste Arbeitsplätze zu schaffen. Nach solchen Möglichkeiten (AB-Maßnahme o.Ä.) sollte man sich doch erkundigen, denn bei einem entsprechenden Arbeitseinsatz erreicht man auch die Grenze dessen, was als unentgeltliche Arbeit noch vertretbar ist (siehe den Beitrag von Manfred Becker).

Wer als Referent zu Tagungen, künstlerischen Aktionen etc. eingeladen wird, sollte auf jeden Fall über ein eventuelles Honorar sprechen bzw. dies verhandeln. Ob und in welcher Höhe dieses dann gezahlt wird, hängt von verschiedenen Faktoren ab. Die Entscheidung, ob man bei bestimmten Gelegenheiten auch »umsonst« arbeitet oder mit einem sehr geringen Honorar zufrieden ist, muss jeder selbst treffen.

Überfordert kann man sich unter Umständen auch fühlen, weil einem die entsprechenden Sachkenntnisse fehlen, etwa über Symptome, Therapiemöglichkeiten, psychiatrische und sonstige soziale Einrichtungen, über behördliche Verfahren, oder weil der Umgang mit Gesetzestexten ungewohnt ist. Es ergeben sich auch Fragen, die ganz anderer Art sind, zum Beispiel: Wie leite ich eine Gruppe oder wie moderiere ich eine Veranstaltung? Wie verfasse ich eine Pressemitteilung oder wie stelle ich überhaupt den Kontakt zur lokalen Tageszeitung her? Wie gestalte ich einen Flyer? Wie mache ich eine finanzamtstaugliche Buchführung?

Zum einen: Probleme von anderen, zum Beispiel von Ratsuchenden, die wirklich den eigenen Horizont massiv übersteigen, sollte man nicht versuchen zu lösen. Da ist der Hinweis auf kompetentere Personen aus der Selbsthilfe, ggf. auf professionelle Hilfe oder spezielle Beratungsstellen sinnvoller. Ein »Ich weiß das nicht« oder »Davon habe ich keine Ahnung« ist ehrlicher und schmerzt weniger als völlig misslingende, mitunter schädliche Versuche, jemandem zu helfen. Zum anderen: An erster Stelle steht hier natürlich wieder das Gespräch, der Informations- und Erfahrungsaustausch, zum Beispiel mit anderen Psychiatrieerfahrenen, die sich auf dem fraglichen Gebiet besser auskennen. Vielleicht auch mit professionellen Mitarbeitern, die die Selbsthilfe unterstützen wollen.

Viele Fragen werden außerdem in den Publikationen innerhalb der Selbsthilfe aufgegriffen, etwa Rechtsfragen. Es kann auch helfen, psychiatrische, vorzugsweise trialogisch angelegte Fachliteratur wenigstens nach der gesuchten Fragestellung zu durchforsten. Inzwischen gibt es zu vielen Fragen auch Literatur, die für Laien gedacht oder zumindest für sie verständlich ist. Auch die oben genannten Zeitschriften kommen dafür in Frage. Darin sind weiterhin Informationen über aktuelle psychiatriepolitische Diskussionen enthalten.

Lektüre im stillen Kämmerlein – deren Ergebnisse sind natürlich begrenzt, und diese Art, Neues zu erfahren und zu lernen, ist nicht jedermanns Sache. Deshalb sollte man sich nach Fortbildungsveranstaltungen umsehen. Bevor wir in die Ferne schweifen: Die Vorträge, Arbeitsgruppen und Workshops, die bei Mitgliedertreffen und Tagungen von Landes- und Bundesverbänden angeboten werden, dienen ja gerade diesem Zweck, und was kann es besseres geben, als direkt aus der Erfahrung anderer Betroffener zu lernen? Hier und da gibt es zudem schon Vereine, die sich auf Fortbildungen von Psychiatrieerfahrenen für Psychiatrieerfahrene spezialisiert haben, zum Beispiel zum »Umgang mit Krisen« oder »Medikamente absetzen«.

Die schon erwähnten Kontaktstellen für Selbsthilfegruppen bieten ebenfalls manchmal Fortbildungen an, zu etwa solchen Themen wie »Konflikte in der Gruppe«, »Öffentlichkeitsarbeit« oder »Finanzielle Förderung der Selbsthilfe«. Oft sind diese Fortbildungen kostenlos. Zwar meistens nicht kostenlos, aber häufig ebenfalls lohnend können Seminare oder Kurse sein, die von den örtlichen oder von überregionalen Erwachsenenbildungsträgern (Volkshochschulen usw.) angeboten werden. Neben etwa Rhetorik- und Moderationsseminaren oder zu juristischen Themen (Sozialrecht) können auch für das Privatleben nützliche Angebote dabei sein: Wie verhalte ich mich in privaten Konflikten? Einige psychiatrische Berufsverbände haben inzwischen Fortbildungsangebote im Programm, die psychiatrieerfahrenen Teilnehmern ebenfalls offen stehen – wer sich nicht scheut, in einer überwiegend »professionellen« Runde dabei zu sein, kann auch hiervon profitieren. Und es bleibt einem natürlich unbenommen, an entsprechenden sozialpsychiatrischen Tagungen und öffentlichen psychiatriebezogenen Veranstaltungen als schlichter Zuhörer teilzunehmen.

Noch etwas Spezielles: Manchmal scheint einem die gesamte örtliche Selbsthilfearbeit in einer Sackgasse gelandet zu sein. Man braucht einfach neue Ideen. Oder es kommt zu massiven persönlichen oder zwischenmenschlichen Problemen. In diesen Fällen organisieren manche Verbände interne kleine Tagungen, die sich ausschließlich der eigenen Gruppen- oder Verbandssituation widmen, oder nehmen eine professionelle Supervision in Anspruch.

Selbsthilfe – ein unendliches Lernfeld!

Wie finde ich eine Selbsthilfegruppe?

Wer nun Anschluss an eine örtliche Selbsthilfegruppe sucht, kann eine aktuelle Liste der bestehenden Psychiatrieerfahrenen-Selbsthilfegruppen beim BPE erhalten. Wer eher etwas Spezielleres sucht (SHG für Menschen mit Zwängen, mit traumatischen Erfahrungen usw.) kann sich bei den örtlichen Kontakt- und Informationsstellen für Selbsthilfegruppen (oft KISS o.ä. genannt) informieren (häufig wissen auch die Gesundheitsämter Bescheid). Und natürlich gibt auch das Internet reichlich Auskunft.

Für die Neugründung einer Selbsthilfegruppe kann man sich natürlich an die Psychiatrieerfahrenen, die bereits aktiv sind – im Nachbarort, im Landesverband –, wenden oder auch an die soeben erwähnten Kontakt- und Informationsstellen. Letztere leisten meist auch sehr praktische, tatkräftige Unterstützung, u.a. indem sie bei der Raumsuche behilflich sind, Unterstützung leisten bei der Bekanntmachung der SHG (Pressenotiz, Flyergestaltung) sowie die SHG auch beraten, begleiten und bei der Vernetzung etwa mit anderen SHGs oder professionellen Verbänden helfen. Weitere Anregungen kann man sich holen bei der Deutschen Arbeitsgemeinschaft Selbsthilfegruppen e.V. oder bei NAKOS (Nationale Kontakt- und Informationsstelle zur Anregung und Unterstützung von Selbsthilfegruppen).

Wer alles »auf eigene Faust« machen will, für den ist es günstig, bereits von Beginn an einige potenzielle Mitstreiterinnen und Mitstreiter zu aktivieren bzw. einzubeziehen. Um weitere zu gewinnen, sollte man Flyer und Aushänge dort verteilen, wo sich Interessierte aufhalten, zum Beispiel in psychiatrischen Kliniken, Beratungsstellen, Arztpraxen. Eine Notiz in die Tageszeitung zu setzen oder die Gruppe in regionale Veranstaltungskalender aufnehmen zu lassen ist ebenfalls wirkungsvoll. Um einen Raum zu bekommen, kann man bei der örtlichen Kirchengemeinde oder den Wohlfahrtsverbänden (DPWV, AWO) nachfragen. Oder, falls man keine Berührungsängste hat, bei einer psychiatrischen Einrichtung wie den Kontakt- und Begegnungsstellen oder Tagesstätten.

Wenn dann der Anfang gemacht ist: Viel Glück auf dem weiteren Weg! Und hoffentlich auch Spaß. Denn es macht Spaß, sich für sich und andere einzusetzen. Es macht auch Freude, zu erleben, wie Menschen über die Selbsthilfe zu ihren Fähigkeiten und zu Selbstvertrauen zurückfinden oder diese überhaupt erst entwickeln. Es ist ein schönes Erlebnis, zusammen mit anderen Psychiatrieerfahrenen etwas auf die Beine zu stellen, besonders wenn andere uns das nicht einmal zugetraut haben. Man freut sich auch über alle kleineren oder größeren Erfolge, die auf politischer Ebene oder in der Öffentlichkeit erreicht werden. Spaß und Freude sind Qualitäten, die durch psychische Krisen oft verloren gehen. Selbsthilfe trägt dazu bei, diese wiederzufinden. Anhand der oben aufgezählten Aktivitäten sollte auch deutlich geworden sein, dass Selbsthilfe für Menschen mit unterschiedlichsten Interessen und Neigungen, Kräften und Motivationen Möglichkeiten zum Mitmachen bietet. Selbsthilfe – ein Tätigkeitsfeld, das sich lohnt!

Leitfragen zum folgenden Kapitel

Was ist für Sie »Bildung«?
Gibt es Wissensgebiete oder aktuelle Themen, allgemeine wie persönliche, mit denen Sie sich gerne beschäftigen würden?
In welcher Form haben Sie sich bislang mit interessanten Themen beschäftigt? Welche Lernatmosphären sind Ihnen am liebsten?
Können Sie sich vorstellen, Ihre bisherigen Bildungsabschlüsse noch zu verbessern? Wie und wo ginge so etwas?
Haben Sie sich schon mal eine Liste erstellt, welche Möglichkeiten es in Ihrem Ort und in Ihrem Umfeld gibt, um sich weiterzubilden?

Bildung als Chance und Lebenssinn

Horst Lazarus

Es geht um die Formung von Kopf, Herz und Hand

»Bildung« begegnet uns als ein vielseitiger und schimmernder Begriff. Bildung wollen wir alle haben, oft allerdings müssen wir uns dafür »quälen«: früh schon auf der Schulbank, in der beruflichen Ausbildung, im Erlernen immer neuer Computerprogramme, aber auch zur beruflichen Weiterqualifizierung.

Als »Allgemeinbildung« ist sowohl der Besitz von grundlegenden Bildungsinhalten als auch der Prozess der Aneignung von Wissen gemeint. Damit hängt zusammen, wie wir uns sinnlich und geistig-seelisch ausbilden, d.h. wie wir unsere Anlagen, Begabungen und Werte im Sinn einer »inneren Bildung«, einer »Herzensbildung«, vervollkommnen. Im Mittelpunkt steht der Mensch und eine Bildung für die Entwicklung seiner Person bzw. Persönlichkeit, eine Bildung, die in Anlehnung an Wilhelm von Humboldt eine Wechselwirkung von »Empfänglichkeit« (gemeint ist eine Offenheit für die dinglichen und geistigen Dinge) und »Selbsttätigkeit« (im Sinne eines Reflektierens über diese Wirklichkeit und in Beziehung zu mir selbst) bedeutet. Diese Bezogenheit des Menschen auf die Welt stellt mithin den Kern und das Wesen der Bildung dar.

Als »Spezialbildung« oder »Berufsausbildung« ist der Prozess hin zu einer individuellen »Lebenstüchtigkeit« gemeint, der sich sowohl von persönlichen Ausbildungsbedürfnissen her ergibt als auch von wirtschaftsbedingten Ausbildungserfordernissen innerhalb der Erwerbstätigkeit. Bildung erhält hier die Bedeutung von Vermittlung von praktisch verwertbaren spezifischen Kenntnissen und Fertigkeiten, wie sie gewöhnlich in einer qualifizierenden Aus- und Weiterbildung erfolgt und primär berufs- und gesellschaftsbezogen begründet wird.

Der »Zweck« von Bildung ist die mehr oder weniger optimale Vorbereitung auf die Welt bzw. auf das Leben und auf genauer eingrenzbare Lebensabschnitte und Lebensaufgaben, um sie dann besser vorbereitet und »ertüchtigt« meistern zu können.

Bildung meint aber auch die Befähigung zur Ausführung bestimmter Hobbys, die Übernahme von Ehrenämtern, bis hin zum Umgang mit Mitmenschen überhaupt.

Bildung bewegt sich mithin immer in einem Spannungsfeld zwischen Beruf (Arbeit), Freizeit (Hobby) und weiteren Kulturbedingungen, wobei diese Lebensbereiche eben nicht separat existieren, sondern sich gegenseitig beeinflussen. Deshalb zählt das Erlernen von Freizeitfähigkeit ebenso zu den Zielen jeder allgemeinen Bildung wie das Erlernen der Berufs- und Arbeitsfähigkeit, die Entwicklung selbstbestimmter persönlicher Interessen ebenso wie die Förderung von Erlebnisfähigkeit, Reflexionsfähigkeit und Toleranzfähigkeit.

Die schimmernde Vielfältigkeit von »Bildung« zeigt, dass das, was zuweilen recht »trocken« erscheint, eigentlich ziemlich »bunt« sein kann, und dass es verschiedene Möglichkeiten und Chancen gibt, die Geschicke mittels Bildung in die eigenen Hände zu nehmen, also zu der in jedem Menschen angelegten (oftmals verschütteten) Kraft zu gelangen und zum »Werk seiner selbst« zu kommen.

»Bildung« und »sich bilden« meint also jenen Entfaltungs- und Entwicklungsprozess, der jedem Menschen in aktiv handelnder Weise eigen ist und der selbst unter oft besonders ungünstigen und erschwerten Bedingungen einer psychischen Erkrankung stattfindet, zumal nach R. KEGAN (1986) »auch eine behinderte Entwicklung eine aktive Entwicklung, ein Prozess des sozialen Lernens wie auch der handelnden Aneignung« darstellt.

P. HUNOLD und E. RAHN (2000, S. 15) gehen davon aus, dass es bei fast allen seelischen Erkrankungen trotz unterschiedlicher Auswirkungen über die Jahre hinweg und trotz ihrer unterschiedlichen Ausgestaltung im subjektiven Erleben, im zwischenmenschlichen Verhalten und in der persönlichen Entwicklung eine gute Chance gibt, »die Krankheit zu überwinden oder zumindest eine hohe Lebensqualität zu erreichen«. Für sie tritt die Krankheitsdiagnose im Verlauf einer psychischen Erkrankung immer mehr zu Gunsten eines gemeinsamen Problemverständnisses zwischen dem erkrankten Menschen, den Partnern und den professionellen Helfern zurück. Die »Folgen« der Erkrankung rückten stärker in den Mittelpunkt der Betrachtung und damit richte sich »die Aufmerksamkeit auch zwangsläufig stärker auf die anderen Lebensbereiche der Kranken«. – »Die Diagnose bekommt eine immer geringere Bedeutung und Fragen der Lebensziele und Lebensperspektiven im Sinne eines individuellen Lebensentwurfs rücken in den Vordergrund. Ein solcher Wandel im Dialog kennzeichnet die Befreiung vom Joch der Krankheit und vermittelt damit ein Gefühl von Gesundheit« (S. 35).

Auch K. Dörner (2000, S. 67 ff.) sieht den dialektischen Zusammenhang von einem aktiven sozialen und einem produktiven, sinngebenden Betätigen – auch im Vorfeld und unabhängig von Lohnarbeit – durchaus für alle psychisch kranken Menschen als gegeben an.

Aus diesen Überlegungen heraus schlussfolgert er, dass an die Stelle des klassischen klinischen Dreischritts »Anamnese – Indikation – Therapie« ein integrierter Prozess von »gemeinsamer Wahrnehmung – Sinnsuche – gemeinsamem Handeln« entstehen könne. Von seinem Grundverständnis her, dass »Menschen stets in unberechenbarer Entwicklung befindlich sind«, möchte er aus den professionellen »Anamnese-Erhebern« für psychisch kranke Menschen deren »Begleiter bei der Rehistorisierung des eigenen Lebens« machen, »denn nur aus der Aneignung der eigenen Geschichte eröffne ich mir neue Perspektiven für die Zukunft. Dabei haben wir davon auszugehen und zu lernen, dass Krankengeschichten in Lebensgeschichten zu verwandeln sind« Weiter hält er fest: »Die grundsätzliche Unberechenbarkeit menschlicher Entwicklung macht deutlich, dass jeder Mensch buchstäblich zu jedem Zeitpunkt einen neuen Weg finden, sich neue Ziele setzen kann, je nach Lebensphase mal mehr Unabhängigkeit, mal aber auch mehr Abhängigkeit, mal mehr Freiheit, mal mehr Sicherheit und soziale Wechselhaftigkeit benötigt« (S. 71 f.).

Wenn also auch bei psychisch kranken Menschen alle Potenzen, Möglichkeiten und Chancen für »sich bildende Aktivitäten« gegeben sind, dann gilt es doch, jene Bedingungen und Gründe festzuhalten, die hinderlich wirken, um sie dann ins Positive zu wenden.

Zunächst gibt es drei grundlegende Feststellungen, wie Bildung eingebettet sein sollte:

1. Zentral und wichtig erscheinen Lern- und Aktivitätsanregungen, die sich gut mit den eigenen Lebenserfahrungen verbinden bzw. die sich aus konkreten persönlichen Erlebnissen, Begegnungen und Krisen herleiten lassen.
   Hervorzuheben ist somit die Relevanz eines situations- und erfahrungsbezogenen Betätigens und Lernens!
2. Bildungsprozesse entfalten sich nicht in einem ausschließlich subjektivistischen Sinn, sondern vollziehen sich immer an einem objektiven Inhalt. Es geht also um Erfahrungen und Erkenntnisse über die Natur, die Welt, die politischen und gesellschaftlichen Verhältnisse, über ästhetisch-künstlerische Produkte, über soziale Vorgänge usw. Jeder sollte für sich klären, woran er früher Gefallen fand und heute Gefallen findet, worauf er früher seine Aufmerksamkeit richtete und heute richten möchte.
3. Es gilt, dass Bildungsprozesse grundsätzlich unabschließbar sind, dass sie zu jenen Vorgängen gehören, die die gesamte Lebenszeit umfassen.

- Für psychisch stärker beeinträchtigte und auch persönlich verunsicherte Menschen sollten Bildungsaktivitäten folgende Bedingungen berücksichtigen:
  Wenn es stimmt, dass sich psychische Erkrankungen oft in einem Prozess des sozialen Auseinanderentwickelns darstellen, sind eher individualisierende und selbstkontrollierende Anregungen für »sich bildende Aktivitäten« zu empfehlen und weniger institutionalisierte Lern- und Beschäftigungsangebote (Kurs- und Gruppenangebote).
- Bildungsanregende Anlässe sollten zumindest nicht ausschließlich mittels schul- und unterrichtsähnlicher Veranstaltungen gesucht werden, um nicht eine »Schulfrust-Blockade« durch eventuelle unangenehme Erinnerungen an die eigene Schul- und Ausbildungszeit (Leistungsdruck, Prüfungsängste, Bloßstellungen, Versagensängste usw.) zu provozieren.
- Das individuelle Eingehen auf akute und jeweils höchst persönliche Anforderungs- und Krisensituationen in der Form eines offenen Erfahrungsaustausches sowie eine weitgehend selbst gesteuerte Kommunikationsmöglichkeit mit anderen erscheint sinnvoller und ist einer eher allgemeineren Information oder einer stärker institutionell organisierten Beratung und Übung vorzuziehen.
- Individuell verschiedene Bildungsprozesse in einem individuell auch unterschiedlichen Aktivitäts- und Lerntempo brauchen eine größere Vielfalt an Bildungsmöglichkeiten, Bildungshilfen und Bildungsunterstützungen. Sie brauchen eine breitere Vielfalt von informellen Bildungsformen jenseits der tradierten Bildungs- und Lerninstitutionen, nämlich stärker selbst gestaltete Aktivitäts- und Lernformen, etwa im Sinne eines ganzheitlichen Lernens. Das beinhaltet den Umgang mit Fragen, Problemen und Herausforderungen, die auf die eigenen Probleme und die eigene Lebenssituation bezogen sind.
- Bei allen »sich bildenden Aktivitäten und Engagements« gilt

es, die bei vielen psychisch kranken Menschen tief eingegrabene »Angst vor einer Defizit-Zuschreibung« zu berücksichtigen. Jeder sollte auf seine Fähigkeiten schauen. Eine wachsende Unsicherheit und Angst, ob man in einer Lern- und Aktivitätssituation überhaupt noch mithalten kann oder als »dumm, begriffsstutzig oder blöd« angesehen wird, ist bekanntlich eng mit einer Schwächung der eigenen Bildungsmotivation verbunden. Diese Gefühle scheinen sich eher in allgemeinen Lern- und Aktivitätsgruppen einzustellen.

- Eine allzu früh und zu forciert betriebene Einbindung in eine verbindliche Lern- und Aktivitätsgruppe kann sich auch insofern hinderlich auswirken, als sich damit zeitgleich eine latente Angst vor Bevormundung, Gängelung und Fremdbestimmung verstärkt. Diese wiederum kann den letztlich auch krankheitsbedingt erzwungenen oder gar ertrotzten »Frei- bzw. Selbstbestimmungsraum« vieler psychisch kranker Menschen einschränken und ihren neuerlichen Rückzug verstärken.
- Wie sehr es nicht zu verleugnen ist, dass es bei vielen psychisch kranken Menschen Hemmungen und Hemmnisse, Verfehlungen und Rückschläge im Bildungsprozess und bei der Freisetzung von Selbstverantwortung gibt, so ist dies bei allen Auswahl-, Ziel- und Entscheidungshilfen zu berücksichtigen. Wahl- und Zielentscheidungen können letztendlich nur unter größtmöglicher Selbstbestimmung der erkrankten Menschen selbst vorgenommen und durchgeführt werden. Prüfe also jeder gründlich, was er wirklich will.
- Das weit verbreitete Vorurteil über eine generelle, krankheitsbedingte Abnahme körperlicher Kräfte und geistiger Fähigkeiten bis hin zu einer »Verblödung« kann sich bei Betroffenen in der Selbstzuschreibung und im Selbstbild verfestigt haben. Dadurch werden die Selbsteinschätzung, das Selbstzutrauen und das Selbstvertrauen beeinträchtigt und so sehr ge-

hemmt, dass der Wunsch, die eigenen Bildungs- und Entwicklungspotenziale zu erhalten und körperlich-geistig beweglich zu bleiben, sehr zurückgedrängt und nur schwer zu erreichen ist. Niemand sollte sich abschrecken lassen, auch nicht von eigenen inneren Irritationen!

Wenn sich also jede Initiierung bei der Realisierung von »sich bildenden Aktivitäten« an den Möglichkeiten und Behinderungen der körperlichen und geistigen Kräfte zu orientieren hat, dann erscheint es sinnvoll, sich die eigene Kindheit und Jugend (insbesondere Lern- und Schülerrollen) erst einmal vor Augen zu führen.

Bildungsarbeit geschieht nie *für* psychisch kranke Menschen, sondern immer *mit* ihnen. Sie versteht sich als eine Mitgestaltungsaufgabe und geht von der Prämisse aus, dass zwar alle Menschen ein Interesse an allgemein bildenden Themen haben, wenn auch mit großen Unterschieden in den spezifischen Inhalten, dass aber auf Grund der individuell-persönlichen wie der krankheitsspezifischen Eigengesetzlichkeit biologisch-psychologische wie auch soziale Lebenslagen spezifische Hemmungen, Hemmnisse und Barrieren gegen die Nutzung von Bildungsmöglichkeiten und Bildungsangeboten auftreten. Daraus entsteht in gewisser Weise die paradoxe Situation, dass Bildungsangebote und Bildungsanregungen vor allem von denen genutzt werden, die sie gar nicht mal so sehr dringend benötigen, dass sie aber von jenen, denen ein besonderer Bedarf an Bildung zugeschrieben wird, vermieden werden. Es ist also nötig, sich selbstbewusst in Bildungszusammenhänge hineinzubegeben.

Die gebildete Biografie

Im Folgenden stehen die Möglichkeiten und die praktischen Umsetzungen im Mittelpunkt der Überlegungen, wie man sich »bildend« betätigen kann. Dabei geht es um Betätigungen, die uns auch jenseits einer regelmäßigen Erwerbstätigkeit den Tages- und Lebensablauf sinnvoll gliedern lassen, die uns auf diesem Weg mit »Realität« und mit den Erfahrungen anderer Menschen in Kontakt bringen und uns einen tieferen Austausch und eine Kooperation mit ihnen herstellen lassen.

Es handelt sich um Tätigkeiten, in die wir uns mehr oder weniger hineinversetzen (wollen) und in die wir uns mitunter sogar »hineinverlieren«, um etwas also, das uns mit tiefer Freude und Befriedigung erfüllt. Freude und Befriedigung sind Maßstäbe dafür, wie das Leben gestaltet sein sollte und wie sich auch ein durch eine längere psychische Erkrankung unsicherer sozialer Status und eine persönliche labile Identität stärken und stabilisieren lassen.

Und es geht dabei auch darum, zu zeigen, wie längerfristig psychisch kranke Menschen mittels weitgehend selbst gewählter und selbst entschiedener Aufgaben und Betätigungen, die sie sich zu meistern zutrauen, eine Veränderung in ihrem Leben vornehmen können, und zwar in der Richtung, sich wieder mehr als »Herr der eigenen Lage und des eigenen Schicksals« zu fühlen – was bekanntlich gut die Stimmung zu heben und das Befriedigungserleben zu steigern vermag. Auch wo Arbeits- und Lebensfreude, Sinnhaftigkeit, Solidarität und Kooperation, Selbstverantwortung, Selbstwirksamkeit und Persönlichkeitsentfaltung aus den unterschiedlichsten Gründen nicht mehr durch eine bezahlte Berufsarbeit hergestellt und erlebt wird, können vielfältige »sich bildende Betätigungen« optimal für eine sinnvolle Tages- und Lebenszeitgestaltung und eine bestmögliche Förderung der persönlichen Entwicklung sein.

Bildung ist – wie Erwerbsarbeit – eine Form der Lebenserfüllung, der jedoch oftmals ihre eigenständige Anerkennung versagt wird, da »sich bilden« häufig eher als ein Zwischenstadium verstanden wird, als etwas, das ich tue, *um zu* ... Bildung wird oft als Beiwerk oder »Vorgeplänkel« begriffen und einseitig funktional wieder auf die Erhöhung der Chancen auf dem

Arbeitsmarkt verengt. Bildung ist aber ein unverzichtbares Integrationskonzept für den Anschluss an die sozialen und gesellschaftlichen Bedingungen. Zunächst einmal lernen wir für das Leben und eben nicht ausschließlich für den Arbeitsmarkt – das vergessen wir zuweilen.

Grundsätzlich überlegt sich jeder, der eine Sache in Bewegung bringen und bestimmte Dinge tun will, die folgenden Fragen:

1. Womit will ich mich beschäftigen und auf welche Rahmenbedingungen will ich mich dabei einlassen?
2. Was will ich eigentlich damit im Einzelnen bezwecken oder erreichen?
3. Auf welche Ressourcen und Fähigkeiten kann ich zurückgreifen?
4. Wie gehe ich konkret vor?

In dem Maße, in dem man sich offen und aktiv den jeweils gewählten »Bildungsinhalten« zuwendet, sie näher erkundet und kennen lernt sowie sie in der Beziehung zu sich selbst und anderen reflektiert, befindet man sich in einem »Bildungsprozess«, in dem sich dann die sinnlichen, geistigen, emotionalen, sozialen und kulturellen Fähigkeiten ausbilden können. Es werden Fähigkeiten angeregt und trainiert, und es wird Neues entdeckt, was wiederum wichtige persönliche Bedürfnisse befriedigt und selbst gesetzte Ziele erreichen lässt. Dabei sind die einzelnen Komponenten wechselseitig aufeinander bezogen und diversen förderlichen oder hinderlichen inneren oder äußeren Einflüssen ausgesetzt:

Mit Hilfe dieses Modells lässt sich relativ schnell die eigene »Bildungsbiografie« rekonstruieren, in verschiedener Hinsicht analysieren und zur Grundlage für eine künftige »Bildungsförderung« nutzen. Dazu ein Fallbeispiel (gekürzt übernommen aus Blasius 2002):

Kompetenzen ⟵ ⟶ **Bedürfnisse/Motive**

Allgemein-/Spezialwissen
Emotional-rationale Fähigkeiten
Soziale Fähigkeiten
Physisch-motorische Fähigkeiten

Biologisch-sinnliche Bedürfnisse
Drang/Trieb/Impuls/Neigung
Sicherheit/Neugier/Exploration
Annäherungsstreben
Vermeidungsstreben
Streben nach Anspannung/ Entspannung
Streben nach Macht/Dominanz und nach sozialer Abhebung
Bedürfnis nach Unterordnung/ -werfung/nach Einordnung
Selbstwertregulierung

↖↘ ↙↗

Bildungsinhalte
Dinglich-materielle und geistige Wirklichkeiten, unserer Aktivitäten, Hobbys, Interessen

↕

Ziele
Bedürfnisbefriedigung
Wunscherfüllung
Zielerreichung
Lebenszufriedenheit
Psychophysische Gesundheit

Herr A. ist 52 Jahre alt, leidet seit sieben Jahren unter einem »rezidivierenden depressiven Syndrom« und befindet sich nach einem erneuten mehrmonatigen stationären Aufenthalt in einer Landesklinik wegen einer »postpsychotischen Phase«. Am meisten klagt er über Konzentrationsschwierigkeiten und wirkt bedrückt und antriebsarm.
Seit seiner ersten depressiven Phase mit einem mehrmonatigen Krankenhausaufenthalt kann er seine berufliche Tätigkeit als Diplomkaufmann im Bereich der Unternehmensberatung nicht mehr ausüben; Herr A. ist inzwischen berentet und lebt allein in einer kleinen Mietwohnung. Seit seiner Klinikentlassung unterhält er fast einen täglichen Kontakt zu einem Sozialpsychiatrischen Zentrum, in dem er an verschiedenen Gruppen teilnimmt und in dem er unterschiedliche Aufgaben wahrnimmt.

Dort wird schließlich auch seine Bildungsbiografie zusammengetragen.

Als Kind hatte Herr A. Freude an *handwerklichen Betätigungen*, wie Basteln, und später war *Briefmarkensammeln* sein Hobby, wozu er durch seinen Vater angeregt und unterstützt wurde.

In der mittleren Schulzeit engagierte er sich als *Messdiener*, wurde dadurch enger an die Kirchengemeinde und dann besonders an die Pfarrbücherei angebunden, wodurch der Grundstein für sein langjähriges Hobby gelegt wurde, nämlich die *Beschäftigung mit Büchern*.

Am Ende seiner Gymnasialzeit entdeckte er im Rahmen eines Praktikums in einer Datenverarbeitungsfirma sein starkes Interesse für *Programmiertechniken*, was dann auch entscheidend seine Studienwahl, nämlich Wirtschaftswissenschaften mit dem Schwerpunkt *Informatik*, beeinflusste.

Seine Leidenschaft für Bücher – insbesondere für Sachbücher verschiedener Richtung, ganz besonders aber für Datenverarbeitungsliteratur – drückte sich während des sechsjährigen Studiums so aus, dass er sich »in jeder freien Minute« in einer Buchhandlung oder Bibliothek aufhielt.

Trotz seiner Konzentrationsschwierigkeiten ist *Lesen* auch heute wieder eine bevorzugte Beschäftigung von Herrn A. Hauptsächlich liest er EDV-Sachbücher, aber auch religiöse, philosophische und heimatkundlich-mundartliche Literatur.

Als sein derzeit intensivstes Hobby, sozusagen seinen »Lebensinhalt«, benennt Herr A. seine *ehrenamtliche Arbeit* in einer katholischen Pfarrbücherei und seit einiger Zeit seine *Teilnahme am Kirchenchor*.

Herr A. erzählt, dass er im Vorschul- und Grundschulalter zwar gerne Kontakt mit anderen Kindern gehabt habe, dass ihm dies aber schwer gefallen sei, zumal er darin auch nicht von seinen Eltern unterstützt worden sei. Übliche Kinderspiele wie Roller oder Fahrrad fahren, im Sandkasten spielen, Fußball spielen usw.

hatten für ihn wenig Bedeutung, hinzu kam, dass er damals erhebliche Probleme mit seiner Lunge gehabt habe und deshalb »längere Zeit wegen Krankheit aussetzen musste«. »Da bin ich dann ziemlich ins Hintertreffen gekommen.«

Die Betätigungen wie Briefmarken sammeln und Lesen kompensierten bei ihm während der gesamten Schulzeit diesen erlebten Mangel.

Herr A. hat sich im Laufe seines Lebens durch seine intensive Beschäftigung mit Büchern und mit verschiedenen Sachgebieten ein umfassendes Allgemeinwissen und auch ein großes Spezialwissen im Bereich der Informatik und EDV angeeignet.

Mit dem Auftreten der psychischen Erkrankung hat sich der Stellenwert der einzelnen Bildungsbedürfnisse und Bildungsinhalte schlagartig geändert. Vor allem litt Herr A. in seiner depressiven Phase sehr stark darunter, keinen Kontakt mehr mit anderen Menschen zu haben. Von daher machte sich bei ihm ein starkes soziales Kontaktbedürfnis bemerkbar, und er suchte nach einem für ihn gangbaren Weg, dieses Bedürfnis befriedigen zu können.

Herr A. nahm von sich aus wieder Kontakt zu seiner früheren Pfarrbücherei auf, und er knüpfte damit an einen unterbrochenen Bildungsprozess an, womit persönliche Kompetenzen wie Selbstüberwindung und Durchhaltevermögen aktiviert wurden, was sicherlich in dieser antriebsarmen und depressiven Phase, in der er sich noch befand, nicht ganz einfach für ihn war. »Am Anfang hat es mich sehr viel Überwindung gekostet, da ging es mir ziemlich dreckig.«

Einen sehr förderlichen Einfluss auf dem von ihm eingeschlagenen Weg hatte dann ein ehemaliger Kollege aus dieser Bücherei, ein Pädagoge, der sich offenbar gut auf den jeweiligen Befindlichkeitszustand von Herrn A. einzustellen wusste, ihm entsprechend angemessene Aufgaben zuteilte und ihn damit gut stützte. Damit hatte Herr A. wieder einen sozialen Anschluss gefunden, sogar sein Bedürfnis, sich mal wieder bei anderen aussprechen zu können, wurde befriedigt, sodass er sich verstanden und einfach zugehörig fühlte.

Herr A. erwähnt, dass er zwischenzeitlich ein Interesse an einem neuen Sachgebiet entwickelt habe, indem er nämlich mehrere Bücher über Hieroglyphen gelesen habe. »Durch den Kontakt mit der Bücherei ist das im Grunde genommen wieder ein bisschen nach oben angestiegen, das Interesse, sodass ich heute auch selbst wieder Bücher lese.«

»Das Hauptpositive, das ich dabei sehe, ist, dass ich wieder Kontakt zu anderen Mitarbeitern habe. Wir sind ein Team.« Herr A. erfährt durch die Tätigkeit in der Bücherei so etwas wie Fremdbestätigung und auch soziale Anerkennung. Er sagt: »Und wenn man das geschafft hat, dann ist das ein Abschnitt, den man geschafft hat, das ist erledigt, gut gelaufen, es ist fertig – und dann ist man halt auch stolz drauf.«

Seit kurzem befasst sich Herr A., zusammen mit dem genannten Pädagogen, damit, Buchbesprechungen für das regelmäßig erscheinende Kirchenblatt der Gemeinde zu verfassen.

Gerade in der postpsychotischen Phase, in der Herr A. unter starker Antriebslosigkeit, gedrückter Stimmung, Orientierungslosigkeit und Einsamkeit litt, war es wichtig und hilfreich für ihn, dass er an früheren Bildungsinhalten und -erfahrungen anknüpfen konnte und dass jemand da war, der ihm den Zugang dazu ermöglichte bzw. erleichterte.

Durch die Betätigungen in der Bücherei ist etwas von seiner früheren Aktivität und seiner interessierten Lebendigkeit und Hinwendung zur sozialen Welt zurückgekehrt. Er interessiert sich wieder für Geschehnisse um sich herum, freut sich wieder über Kontakte zu anderen Menschen und über die Zustimmung und Anerkennung, die er von ihnen erfährt.

Es zeigt sich:

- wie sich ein Bildungsprozess ausweitet, wenn er erst einmal angestoßen ist und sich unter förderlichen Bedingungen vollziehen kann,

- wie er sich von zunächst einfachen Tätigkeiten ausgehend auf weitere Bildungsinhalte erstreckt,
- wie sich neue Bildungsbedürfnisse entfalten und
- wie vorhandene Kompetenzen geweckt und gestärkt werden und sich neue entwickeln.

Herr A. erfährt sich in mehrfacher Hinsicht wieder als kompetente Person. Das stärkt sein Selbstvertrauen und die Überzeugung, sein Leben besser bewältigen zu können. Es vermittelt ihm eine positivere Lebenseinstellung und erleichtert ihm, einen neuen Sinn und eine neue Bedeutung in seinem Alltag und in seinem Leben zu finden.

Von der Bildungsanamnese zur Freudenbiografie

Um Zugang zu seiner Erfahrungs- und Bildungsgeschichte zu bekommen, bedient man sich methodisch der »Anamnese«, womit – in der medizinisch-psychologischen Praxis – gemeint ist, sich etwas Bestimmtes in Erinnerung zu rufen, und zwar so konkret und vollständig wie nur möglich. Es geht hier also um die erinnernde Suche nach leicht zugänglichen oder auch nach verdeckten oder gar verschütteten Interessen in früheren Lebensphasen, die eine aktive Teilnahme und Teilhabe an Errungenschaften der Alltagskultur, der Unterhaltungskultur wie auch an der so genannten Hochkultur darstellen.

In Anlehnung an V. Kast (2001) fördert die gezielte Suche und Konzentration auf die angenehmen, spannenden und positiven Dinge im Leben die persönliche »Freudenbiografie« zutage. Diese erinnernde Wiederherstellung der ganz persönlichen Bildungsvergangenheit gelingt mit Hilfe der »Bildungsanamnese«.

So sollte man nach Anlässen und Gelegenheiten suchen, bei denen Neugierde und Interessen geweckt und entfaltet wurden, bei denen man verschiedene Kräfte mobilisieren konnte sowie sich gezielt und mehr oder weniger ausdauernd mit einer bestimmten Sache oder einem Thema befasst hat. So kann man sich selbst fragen: Wo hat mich mein eigenes Können und Wissen fasziniert? Wo möchte ich mich *noch* schlauer machen? Im Zentrum der Bildungsanamnese steht die Wiederentdeckung der persönlichen Wissens- und Neigungsgebiete.

Um »sich bildende Betätigungen« nicht nur als Auseinandersetzungen mit Themen der so genannten Hochkultur zu verstehen, sollte man ausdrücklich nach alltäglichen, gewöhnlichen Tätigkeiten mit einem kreativ-gestaltungskräftigen, »veredelnden« Charakter fragen. H. v. Hentig (1999) zählte zu den »alltäglichen unverschulten Tätigkeiten« all jene »Quellen von bildender Wirkung«, die »Anlässe, Ursachen oder Mittel für Einsichten und Freude« von Menschen sein können. Das kann beinhalten:

- Geschichten lesen und Geschichten erzählen;
- Gespräche führen, um eine Sache, einen Sachverhalt oder ein Problem näher kennen zu lernen, klüger zu werden, eine Gewissheit oder einen Zweifel bestätigt zu bekommen, um einen Gewinn für sein weiteres Leben daraus zu ziehen;
- Erfahrungen im Umgang mit Spielen, Rollenspielen, Theaterspielen, Schauspiel, Film usw., als Gelegenheiten zum Erkennen von Zusammenhängen auf einer anderen sinnlichen und symbolischen Ebene, auch um über spezielle Selbsterfahrungen dabei zu berichten;
- Naturerfahrungen (als Wanderer, Beobachter, Bergsteiger, Tierliebhaber, Schwimmer, Taucher, Segler usw.), die ja bekanntlich oft Quellen von Staunen, Bewunderung, Neugier und Erkundungsdrang sind;
- Geschichte und Politik bzw. politisches Engagement, Themen also, die eindrücklich Erkenntnisse und Erfahrungen über Regeln und Prinzipien des Zusammenlebens in der Gemeinschaft und (demokratischen) Gesellschaft vermitteln können, die Fragen und Probleme von Krieg und Frieden, von Hun-

ger in der Welt, von Ozonloch und ökologischen Katastrophen, von sozialer Gerechtigkeit, von Verbrechensbekämpfung und Menschenrechten usw. thematisieren.

Während das Ziel einer Bildungsanamnese ist, einen Menschen zu veranlassen und zu unterstützen, über seine früheren Erfahrungen, Erlebnisse und Einsichten im Umgang mit selbst ausgewählten »Bildungsquellen« zu berichten, geht es anschließend in der Erarbeitung eines »Bildungsförderplans« darum, auf der Grundlage der Ergebnisse der Bildungsanamnese eben einen Plan mit den folgenden Schwerpunkten zu erstellen:

- Auf welches Betätigungsfeld bzw. Bildungsthema möchte ich mich zukünftig am ehesten bzw. am liebsten einlassen?
- Welche Auseinandersetzungen mit welchem Thema bzw. welche Tätigkeiten und Aktivitäten könnten mir am ehesten angenehme und erfreuliche Gefühle vermitteln?
- Was könnte meine »sich bildenden Aktivitäten« am wirksamsten anstoßen und aufrechterhalten?
- Was kann aber auch leicht ein Rückzugs-, Vermeidungs- und Ausweichverhalten bei mir hervorrufen?
- Welche Befürchtungen und Zweifel tauchen bei mir auf, wenn ich mich auf meine persönlichen Neigungen, Interessen und Hobbys einlasse?
- Wie schätze ich selbst meine Anstrengungsbereitschaft und mein Durchhaltevermögen bezüglich meiner zukünftigen Aktivitäten ein?
- Welche Hilfen und Unterstützungen kann ich mir vorstellen und könnte ich annehmen, um mich eher und leichter damit zu beschäftigen, was ich mir schon länger wünsche?

In der eigenen Bildungsgeschichte geht es also immer darum, welche eigenen Motive man hat und natürlich welche Hemmnisse für neue Bildungschancen bestehen. Das Ergebnis sollte jedenfalls sein, wie der Alltag und die Freizeit zufrieden stellender gestaltet werden kann.

Bildung fürs Leben

Bildungsangebote können mithin nur eine Wirkung entfalten, wenn sie bedeutungsvolle subjektive Bildungs*bedürfnisse* und *-ziele* berücksichtigen, wenn sie an den lebensgeschichtlich relevanten Bildungs*erfahrungen* anknüpfen, d.h. wenn sie frühere persönliche Bildungs*gegenstände* bewusst machen, und die subjektiven Sinnzusammenhänge in bestimmte Handlungsmöglichkeiten eingebettet werden. Nur dann kann eine eigene Motivation entstehen. Das heißt:

- Bildungsziele lassen sich nicht einfach von außen bestimmen und festlegen! Bildung ist nämlich stets ausgerichtet auf *Selbst*bestimmung, die nur durch *Selbst*tätigkeit des Einzelnen in der Aneignung seiner Umwelt zu erreichen ist, was wiederum bedeutet, dass Bildungsprozesse grundsätzlich subjektiv und zieloffen sind.
- Da sich Menschen bekanntlich für alles interessieren können, was es auf der Welt gibt, lässt das Interesse eines Menschen an etwas Bestimmtem erkennen, dass diesem »etwas« eine gewisse Bedeutung zugesprochen wird, dem sich der Mensch in einer »spezifischen Gerichtetheit« zuwendet, um bestimmte »Bedürfnisse« zu befriedigen oder einen bestimmten »Nutzen« daraus zu ziehen.
- Je mehr es sich bei diesem Interesse um das »eigene und wahre Interesse« handelt und nicht um ein bloß »gefordertes Interesse«, wird es mehr und mehr alle Sinne in Anspruch nehmen. Der Mensch wird sich zunehmend konzentriert, nachdenklich, angespannt-fasziniert, ja »gefesselt« mit eben diesem Bildungsinhalt befassen.
- Das »Interesse« lässt die Auseinandersetzung mit dem »Bildungsinhalt« intensiver und bewusster werden, er wird mit größerer Bereitschaft aufgenommen und er macht den Menschen offener für weitere Erkundungen und Veränderungen.
- Eine interessengeleitete Bildung ist ein sehr geeignetes Mittel,

sich mit sich selbst und mit seiner physischen, geistigen oder sozialen Umwelt nicht zu langweilen.

Wer nun seine eigene Bildungsbiografie genauer ansehen möchte, um daraus Schlüsse für mögliche Aktivitäten ziehen zu können, kann sich die folgenden Fragen stellen:

- Welches Thema, welcher Inhalt, welcher Gegenstand, welche Tätigkeit findet eigentlich mein besonderes Interesse?
- Welche Aspekte interessieren mich vorrangig?
- Welches Vorgehen und welche Herangehensweisen habe ich früher schon mal erfolgreich ausprobiert?
- Auf welche Kompetenzen und Ressourcen kann ich zurückgreifen?
- Was möchte ich mit der Beschäftigung erreichen? Welche Ziele habe ich?
- Was genau war früher der Anlass bzw. der Motor für mein Interesse?
- Was empfinde ich als förderlich, was aber auch als hemmend für das Interesse?
- Was müsste mir »die Welt« bieten, damit mein (offener oder geheimer) Wunsch, wieder diesem oder einem ähnlichen Interesse nachzugehen, stärker wird als die Angst, dabei zu »versagen« oder mich »unterlegen« zu fühlen?

Bildung ist eine lebensbegleitende Aufgabe für jeden und jede. Speziell als zufrieden stellende und sinnvolle Freizeitfähigkeit stellt sie besonders für psychisch kranke Menschen ein genauso notwendiges Lernziel dar wie die Förderung von Arbeits- und Berufsfähigkeit.

Bildungsarbeit versteht sich als gemeinsam gestaltete Auseinandersetzung mit der Umwelt (im weitesten Sinne), mit Geschichte im Großen und persönlichen Geschichten im Kleinen und mit der »Ebnung von Wegen« dazu.

Ein wichtiges Ziel dabei ist, einen Anschluss an die bisherigen Bildungserfahrungen zu finden und sich gleichzeitig auch an den momentanen Bedürfnissen, Interessen und Möglichkeiten zu orientieren, wie sie sich aus den lokalen, materiell-finanziellen und psychosozialen Gegebenheiten heraus ergeben.

Psychische Erkrankung hat nichts mit Bildungsunwilligkeit und Bildungsunfähigkeit zu tun; sie stellt höchstens einen Faktor neben vielen anderen dar. Anders lautende Meinungen oder gar Selbstzuschreibungen gilt es als negative Klischeevorstellungen zu überwinden.

Viele sozialepidemiologische Befunde bestätigen einen positiven Zusammenhang von Bildung und Gesundheit; Bildung ist eine »salutoforme« (die Gesundheit fördernde) Kraft.

Tätig sein – außerhalb der Erwerbsarbeit

Peter Weber

»Gegenüber der Fähigkeit, die Arbeit eines einzigen Tages sinnvoll zu ordnen, ist alles andere im Leben ein Kinderspiel.«
J.W. v. Goethe

Wenn auch nur 40 von den 200 Euro, die Frau Müller (aus dem Beitrag von Manfred Becker) in einem Zuverdienstprojekt oder Mini-Job monatlich verdient, neben ihrer Grundsicherung übrig bleiben werden, wird Frau Müller an diesen Arbeitstagen morgens wissen, wie der Tag verläuft, wird sie andere Menschen treffen und am Abend möglicherweise auch körperlich spüren, dass sie etwas getan hat, das für andere wichtig war und für das diese sie bezahlt haben. Auch für Helmut (Beitrag Silke Dennhardt), der jeden Samstag für das gemeinsame Frühstück in den Räumen des Vereins Psychiatrieerfahrener den Einkauf übernommen hat, wird es wichtig sein, seine Aufgabe zu erfüllen, einen Auftrag erledigt zu haben, Anerkennung zu bekommen und dabei andere Menschen zu treffen. Frau Wehner (Beitrag Doris Appel) strukturiert ihre Woche über mehrere ehrenamtliche Tätigkeiten. Sie sagt, seit sie ehrenamtlich tätig sei, ginge es ihr besser, obwohl sie immer noch Zeiten hat, in denen es ihr sehr schlecht geht. Aufgaben zu haben, die Sinn geben, stärkt ihr Selbstvertrauen. Frau Wehner traut sich wieder mehr zu. Ganz wichtig sind ihr die Kontakte, aus denen sogar ein paar private Beziehungen erwachsen sind. Bei den ehrenamtlichen Tätigkeiten bewegt sie sich in einer »gesunden« Welt mit gesunden Menschen, was sie nicht mehr missen möchte.

All diese Beschreibungen zeigen eine neue Qualität dessen, was man unter Arbeit oder Tätigkeit verstehen kann. Nicht die Erwerbstätigkeit des allgemeinen Arbeitsmarktes steht im Fokus, sondern ganz individuelle Arbeitssituationen, die speziell auf die Fähigkeiten und Fertigkeiten des Einzelnen abgestimmt die Teilhabe an Arbeit ermöglichen. Voraussetzung dafür ist eine Verabschiedung vom vordergründigen Ziel der sozialversicherungspflichtigen Tätigkeit am ersten Arbeitsmarkt – ohne natürlich das Solidarprinzip einer sozialen Absicherung in schwierigen Lebenslagen aufzugeben. Ist dieser Schritt vollzogen, eröffnet sich für psychiatrieerfahrene Menschen ein neuer Horizont, vor dem sich unterschiedlichste Tätigsein-Konzepte auftun. Dies heißt aber nicht, dass der Horizont Erwerbsarbeit vollständig aus dem Blick der Betroffenen verschwinden sollte. Es geht darum, das Dogma der einzigen anzustrebenden Lösung »Erwerbsarbeit« aufzubrechen und anderes zuzulassen.

Bislang waren die Begriffe »Arbeit«, »Arbeitsplatz« und »Arbeitsfähigkeit« innerhalb der Lebenswelten psychiatrieerfahrener Menschen überwiegend in psychiatrisch-institutionelle Zusammenhänge eingebettet. Das heißt: Nur die vorgegebenen Unterstützungs- und Angebotsstrukturen der psychosozialen, arbeitsrehabilitativen und therapeutischen Systeme bestimmten die Pfade, auf denen das Ziel eines Arbeitsplatzes bzw. einer (Arbeits-)Tätigkeit erreicht werden konnte. Die Arbeitsmarktsituation und die sich kontinuierlich nach oben drehende Einsparungsspirale in der Sozial- und Gesundheitspolitik veränderte aber zunehmend die Arbeit in diesen Einrichtungen. Diese sich von außen ergebenden Zwänge zur Anpassung der institutionalisierten Angebote schränkten die notwendigen Wege in Arbeit für psychiatrieerfahrene Menschen automatisch immer mehr ein.

Neben dieser festgelegten Entwicklung innerhalb der psychiatrischen Institutionen sind mögliche Vernetzungen in die Bereiche des normalen Lebens bis heute wenig beachtet und genutzt worden. Die damit verbundenen Pfade und Wege, die sich außerhalb der einschlägigen Einrichtungen befinden, scheinen eben nicht in diese Systeme zu passen. Kostenträgervorgaben (Vermittlung der Klientel auf den ersten Arbeitsmarkt), BAT-abhängiges Versorgungsverhalten der Mitarbeiter und deren eigene Arbeitsplatzangst lassen die Zielfokussierungen letztendlich immer nur in den bekannten eigenen Systemen kreisen. Andere Lösungen werden zwar angedacht, aber als nicht finanzierbar oder nicht umsetzbar zur Seite geschoben – zu wirklichen Innovationen kommt es gar nicht erst.

Die Beiträge dieses Ratgebers zeigen in eine andere Richtung. Durchgängig orientieren sich die vorgestellten Formen des Tätigseins bzw. der Arbeit an – psychiatrisch gesehen – nichtinstitutionellen Angeboten. Sei es der Mini-Job, der über die nahe gelegene Kirchengemeinde vermittelt wurde, die Besuchstätigkeit im Altenwohnheim des Stadtteils, um den Bewohnern aus einem Buch vorzulesen, der Einkaufsdienst für den kranken Nachbarn, die stundenweise Arbeit in einer Arbeitsloseninitiative bei einem Umzug, der Besuch eines interessanten Seminars in der VHS oder auch die Frühstückszubereitung beim regelmäßigen Samstagsfrühstück in den Räumen des Selbsthilfevereins ... immer liegt die eigentliche Arbeit oder Tätigkeit in einem »normalen« Lebensfeld, aber außerhalb der Erwerbsarbeit.

In den Beiträgen werden auch Hilfe- und Unterstützungssysteme vorgestellt, die, unterschiedlich organisiert, die ersten Schritte auf diesen Wegen und Pfaden vorbereiten und begleiten. Wenn der in der Gemeinwesenarbeit eingesetzte Sozialarbeiter über die im Stadtteil zunehmende Arbeitslosigkeit und die sich immer massiver entwickelnden Probleme in einzelnen Familien nachzudenken beginnt, wird er zukünftig als Lösung nicht einen Arbeitsplatz für die Menschen im Auge haben können. Er wird aber möglicherweise darüber nachdenken, wo es im Stadtteil etwas »zu tun« geben könnte und wie dies zu organisieren (und zu bezahlen) sei. Ebenso wird die gemeinnützige GmbH, die Umzüge und Entrümplungen organisiert, nicht die volle oder teilweise Erwerbstätigkeit für die dort stundenweise Beschäftigten als Ziel formulieren können. Auch hier geht es um andere Dinge, zum Beispiel darum, morgens einen Anlaufpunkt zu schaffen, von dem aus sich für Leistungsschwache eine Tagesaufgabe ergibt, bei der man auch ein paar Euro verdienen kann. Hier rückt das Soziale in den Arbeitsprozessen wieder in den Blick.

Wichtig ist aber, dass diese Hilfe- und Unterstützungssysteme ihre Angebote auf keinen Fall als »Betreuung« verstanden wissen wollen. Ihre Tätigkeit ist direkt auf die Arbeit selbst bezogen. Sie stellen den organisatorischen und ökonomischen Faktor in den Mittelpunkt. Für fast alle steht primär die jeweilige Arbeit (wer hat einen Auftrag? was muss getan werden? was muss dazu organisiert werden?) im Vordergrund, erst sekundär folgt dann die Frage, wer die Arbeit machen kann. Von daher könnte man eher von individueller Arbeitsbeschaffungs-Organisation oder auch »Job-Coaching« sprechen.

Wer sich also persönlich auf den Weg macht, seine Möglichkeiten auszuloten, sollte zuerst einmal herausfinden, wo Dienste und Beratungen existieren, die in Jobfragen Hilfen geben können.

Aufbruch in eine andere Arbeitsgesellschaft

»Die Arbeit, die man sich selbst auferlegt, ist niemals unmöglich«, so lautet ein Sprichwort aus Kenia. Die in diesem Buch vorgestellten Tätigkeiten dürften, nicht für alle, aber doch für viele Nutzerinnen und Nutzer grundsätzlich auch allein organisierbar sein. Das heißt: Es bedarf nicht unbedingt der psychosozialen Begleitung einer Psychiatrie-Fachperson. Mit Hilfe der in den Beiträgen eingefügten Fragestellungen wird es prinzipiell für jeden möglich, herauszufinden, wo die eigenen Interessen, Fähigkeiten und Fertigkeiten liegen. Sollten sich dann doch in der Realisierung entsprechender Schritte und Wege Schwierigkeiten auftun, kann eine dann in Anspruch genommene Beratung oder Begleitung sich ebenfalls an den in diesem Ratgeber beschriebenen Inhalten orientieren. Grundsätzlich ist damit zu rechnen, dass sich entsprechende Beratungs- und spezielle Betreuungsstrukturen in den nächsten Jahren entwickeln werden.

Allen Tätigkeiten gemeinsam ist die Grundhaltung, dass es für die Nutzerinnen und Nutzer nicht um sozialversicherungspflichtige Erwerbsarbeit geht, sondern darum, für sich eine Tagesstruktur zu schaffen, in der der Zeitfaktor Arbeit eine Rolle spielt, in der eine Handlung durchgeführt wird, die einen Wert und Sinn hat und bei der man immer auch andere Menschen in »normalen« Lebensumgebungen trifft, und schließlich, wo es möglich ist, noch etwas dazuverdient. So fördert dieses Tätigsein das Erleben der eigenen Bedeutung (für sich selbst und für andere), eine Komponente, die Erwerbsarbeit mit ihrer ausschließlichen Fokussierung auf das Ökonomische zu verlieren droht. Gleichermaßen sollten Betroffene die Erwerbsarbeit aber auch nicht gänzlich aus den Augen verlieren.

Welche Botschaften und Rückschlüsse ergeben sich?

1. Das, was bisher als Arbeitsmarkt für psychiatrieerfahrene Menschen galt, muss umdefiniert werden.

»Arbeit«, bislang als sozialversicherungspflichtige Erwerbsarbeit »nach innen« (bei den Menschen selbst) und »nach außen« (in den Institutionen) als anzustrebendes Ziel festgelegt, muss mehr umfassen als bisher. Dies wird umso deutlicher und dringlicher, je höher die Arbeitslosenzahlen klettern.

Entsprechend muss auch das, was als »Arbeitsplatz« definiert wird, sich nicht nur daran orientieren, ob dort sozialversicherungspflichtige Bedingungen vorherrschen, sondern es müssen auch andere Tätigkeitsmöglichkeiten einbezogen werden.

Für psychiatrieerfahrene Menschen und für die professionell Tätigen in den psychosozialen Einrichtungen muss klar sein, dass diese Arbeit und diese Arbeitsplätze nicht nur als »niedrigschwellig« festgelegt und eingeordnet werden dürfen, die automatisch nur für sehr leistungseingeschränkte Menschen in Frage kommen. Es geht vielmehr darum, gerade auch Menschen mit abgeschlossenen Rehabilitationsmaßnahmen, die durchaus eine höhere Arbeitsfähigkeit vorweisen, aber ebenfalls ohne Chance auf einen Erwerbsarbeitsplatz sind, in solchen Arbeitsstrukturen eine *Perspektive* zu bieten.

2. Die Rolle der Nutzer muss sich verändern.

Für Psychiatrieerfahrene wird es wichtig werden, sich von der bisherigen absoluten Zielorientierung einer Arbeit auf dem ersten Arbeitsmarkt als einzige Möglichkeit zu trennen. Mit der dann möglichen Öffnung des Horizontes wird der häufig anzutreffenden Lethargie und Hoffnungslosigkeit eine neue, zuversichtlichere Perspektive gegenübergestellt und es werden neue Wege eröffnet. Nur darüber lassen sich eigene Handlungspotenziale aus den geregelten institutionalisierten Systemen herauslösen und so wird Selbstbefähigung möglich. Das bedeutet auch, dass Angehörige, Freunde, Nachbarn etc. eine größere Rolle erhalten als etwa psychiatrisch Tätige.

Für die professionell Tätigen der psychosozialen, arbeitsrehabilitativen und therapeutischen Bereiche wird es wichtig sein zu lernen, (wieder) »antiinstitutionell« zu denken. Um für neue Wege frei zu sein, muss man sich von den Vorgaben der Einrichtungen lösen, Konzepte aufweichen und weiterentwickeln sowie unkonventionelles Handeln erwägen und durchführen. Die vorgegebenen therapeutischen und betreuerischen Inhalte, verbunden mit dem klar geregelten BAT-finanzierten Geschäftshintergrund der Einrichtungen, lassen gute Gedanken häufig schon verschwinden, bevor sie eine Wirkung zeigen. In einer Zeit, in der psychiatrische Strukturen inzwischen auch außerhalb der Kliniken extrem von Kostenträgerbelangen gesteuert werden, wird es umso wichtiger, Planungsvorhaben und -abläufe von diesen freizuhalten.

3. Die sozial-, finanz- und gesellschaftspolitische Dimension muss ständig öffentlich gemacht werden.

Es ist davon auszugehen, dass sich der gegenwärtige Status quo in Deutschland nicht nennenswert verändern wird. Die Arbeitslosenzahlen werden weiter steigen, auch wenn die Statistiken durch Hartz IV anderes ausweisen werden, und es wird ein großer Niedriglohnsektor entstehen. Die Einrichtungen werden immer weniger Geld zur Verfügung haben und die dafür verlangte Leistung wird immer größer werden.

Die allgemeine Aussage, dass die finanziellen Ressourcen nicht mehr ausreichen, basiert auf einem rechnerischen Ergebnis, das in Anbetracht der real bestehenden Geldverteilung in unserer Gesellschaft eigentlich seine Bedeutung verliert, wenn nicht sogar absurd erscheint. Es ist inzwischen normal und selbstverständlich geworden, es hinzunehmen, wenn es heißt, dass gespart werden müsse, dass bestimmte Leistungen sich nicht rechneten oder durch die Konkurrenz des globalisierten Arbeitsmarktes die Löhne und Gehälter reduziert werden müssten.

Es liegt aber auf der Hand, dass wir darüber nachdenken müssen, wie die finanziellen Ressourcen – die Gelder – anders zu verteilen wären. Von daher ist es notwendig, diese Tatsache immer wieder so zu benennen, wie sie ist: Wir haben kein Ressourcendefizit, sondern eine nicht dem Wohl einer breiten Bevölkerung angemessene Geldverteilung – wenngleich hier betont sein soll, dass es sich um ein weltweites Problem handelt und entsprechend internationale Regelungen entwickelt werden müssen.

Ferdinand Lassalle, der Publizist und Verfechter der Rechte von Arbeiterinnen und Arbeitern, bezeichnete die klare und deutliche Benennung von Problemen als »vor-revolutionäre Haltung«. Nehmen wir doch eine solche Haltung ein – vielleicht hilft's!

Anhang

Adressen

Finanzielle Unterstützung

- Bundesarbeitsgemeinschaft Erwerbslose (BAG-Erwerbslose), c/o FALZ e.V., Solmstraße 1a, 60486 Frankfurt/M., Mail: FALZ@t-online.de, Internet: www.bag-erwerbslose.de.
- Bundesarbeitsgemeinschaft der Sozialhilfeinitiativen e.V. (BAG-SHI), Moselstraße 25, 60329 Frankfurt/M, Mail: info@bag-shi.de, Internet: www.bag-shi.de.
- Bürgertelefon des Bundesministeriums für Wirtschaft und Arbeit: 018 05-99 66 01 (Rente) (12 Cent pro Minute, auch die Zeit in der Warteschleife!), montags bis donnerstags 8-20 Uhr.
- Bundesagentur für Arbeit in Nürnberg, Tel.: 09 11-179-0 (nach Auskunft über AlG II fragen und sich verbinden lassen; normale Ferngespräch-Gebühren; die Auskünfte sind fast immer gut).

Zuverdienstmöglichkeiten

- Arbeitsagenturen: Hier kann man nach Beschäftigungsmöglichkeiten für behinderte Menschen nachfragen.
- BAG-Integrationsfirmen, Hedemannstraße 14, 10969 Berlin, Internet: bag-integrationsfirmen.de.
- FAF, Büro Berlin, Hedemannstraße 14, 10969 Berlin.
- FAF, Büro Sachsen, Kanzlerstraße 4, 09112 Chemnitz.
- FAF, Büro NRW, Philippstraße 72-74, 50823 Köln.
- Das Tauschringarchiv, Hasenkamp 30, 49504 Lotte, Mail: archiv@tauschring-archiv.de

Weitere Informationen zu regionalen Zuverdienstangeboten sind über die Landesverbände der Sozialverbände der Kirchen zu erhalten:

- Diakonisches Werk der evangelischen Kirche (www.diakonie.de) sowie
- Caritas (www.caritas.de).

Freiwilligenagenturen und Seniorenbüros

Informationen über Anlaufstellen, die an Freiwilligenarbeit Interessierte beraten, sind zu erhalten bei:

- Bagfa – Bundesarbeitsgemeinschaft der Freiwilligenagenturen, Torstraße 231, 10115 Berlin, Mail: bagfa@bagfa.de, Internet: www.bagfa.de.
- BaS – Bundesarbeitsgemeinschaft Seniorenbüros, Graurheindorfer Straße 79, 53111 Bonn, Mail: bas@seniorenbueros.de, Internet: www.seniorenbueros.org.

Selbsthilfeinitiativen

- NAKOS, Nationale Kontakt- und Informationsstelle zur Anregung und Unterstützung von Selbsthilfegruppen, Wilmersdorfer Straße 39, 10627 Berlin, Internet: www.nakos.de.
- Bundesverband Psychiatrie-Erfahrener e.V., Am Michaelshof 4 b, 53177 Bonn, www.bpe.de.
- Für alle Fälle e.V. (Fortbildung für Psychiatrie-Erfahrene), Auguststraße 71, 10117 Berlin, Mail: info@faelle.org, Internet: www.faelle.org.
- Weglaufhaus »Villa Stöckle«, Verein zum Schutz vor psychiatrischer Gewalt e.V. Postfach 280 427, 13444 Berlin, Telefon: 030 40632146, Internet: www.weglaufhaus.de.
- Münchner Psychiatrie-Erfahrene, MüPE e.V., Thalkirchner Straße 10/ I, 80337 München, Internet: www.muepe.org.
- Nachtschwärmer e.V., Helgolander Straße 73, 28217 Bremen.
- Offene Herberge e.V., Psychiatrie-Erfahrene gestalten psycho-

soziale Hilfen, Geschäftsstelle: Walckerstraße 23, 70374 Stuttgart, Internet: www.offene-herberge.de.

- Durchblick e.V. (mit Psychiatriemuseum), Mainzer Straße 7, 04109 Leipzig.
- Verein Psychiatrie-Erfahrener Hannover e.V., Rückertstraße 17, 30169 Hannover.

Literatur

Aktion Psychisch Kranke (Hg.) (2004): Individuelle Wege ins Arbeitsleben. Abschlussbericht zum Projekt »Bestandaufnahme zur Rehabilitation psychisch Kranker«. Bonn.

BELLION, R. (2001): Ich muss sehr früh merken, dass ich psychotisch werde – sonst werde ich es, ohne es zu merken. In: KNUF, A.; GARTELMANN, A. (Hg.): Bevor die Stimmen wiederkommen. Vorsorge und Selbsthilfe bei psychotischen Krisen. Bonn.

BLASIUS, K. (2002): Wandel durch Bildung – Bildungsanamnesen mit chronisch psychisch Kranken, FH Köln, unveröffentlichte Diplomarbeit.

BOCK, Th.; BUCK, D.; ESTERER, I. (2000): Es ist normal, verschieden zu sein. Psychose-Seminare – Hilfen zum Dialog. Bonn.

BRIDGES, W. (2001): Ich & Co. Hamburg.

Brückenschlag – Zeitschrift für Sozialpsychiatrie, Literatur, Kunst (fortlaufendes Jahrbuch): Paranus-Verlag, Postfach 12 64, 24502 Neumünster.

Bundesverband Psychiatrie-Erfahrener (2000): Der ver-rückte Pegasus. Jahrbuch 2000 des BPE. Eigenverlag (über: Universität Münster, Forschungsstelle Literatur und Psychiatrie, Nicola Kessler, Philippistraße 17, 48149 Münster, Liste der Patientenzeitungen).

CSIKSZENTMIHALYI, C. (1992): Flow. Das Geheimnis des Glücks. Stuttgart.

DÖRNER, K. (1998): Mosaiksteine für ein Menschen- und Gesellschaftsbild. Zur Orientierung psychiatrischen Handelns. In: BOCK, Th.; WEIGAND, H. (Hg.): Hand-werks-buch Psychiatrie. Bonn, Seite 67-75.

ECK, D. u.a. (1996): Freizeit als Chance. Freizeit-Pädagogik und Kulturarbeit im psychiatrischen Krankenhaus. Bonn.

Förderpool »Partner der Selbsthilfe« (Hg.) (2002): Fördern und Fordern. Ein Leitfaden für Selbsthilfegruppen. BKK Bundesverband.

GARTZ, J. (1999): Schulabgänger. Was sie können und was sie können müssten. Köln.

GEISLINGER, R. (Hg.) (1998): Experten in eigener Sache. Psychiatrie, Selbsthilfe und Modelle der Teilhabe. München 1998.

HAAN, G. de u.a. (Hg.) (2000): Bildung als Systemzwang. Neuwied.

HAVELSOE, B.; JOSEPHSSON, S. (2003): Characteristics of Meaningful Occupations from the Perspective of Mentally Ill People. In: *Scandinavian Journal of Occupational Therapy*, 10, S. 61-71.

HELLERICH, G. (2003): Selbsthilfe Psychiatrie-Erfahrener. Potenziale und Ressourcen. Bonn.

HENTIG, H. v. (1996): Bildung. Weinheim.

HUNOLD, P.; Rahn, E. (2000): Selbstbewusster Umgang mit psychiatrischen Diagnosen. Bonn.

JAHODA, M. (1985): Die sozialpsychologische Bedeutung von Arbeit und Arbeitslosigkeit. In: KEUPP, H. u.a. (Hg.): Im Schatten der Wende. Tübingen.

KAST, V. (1999): Der schöpferische Sprung. München.

KAST, V. (2001): Sich einlassen und loslassen. Bonn.

KEGAN, R. (1986): Die Entwicklungsstufen des Selbst. München.

KLAFKI, W. (1996): Neue Studien zur Bildungstheorie und Didaktik. Weinheim.

KRONENBERGER, G.; CARSTENS, H.-P. (2002): Betreutes Wohnen in Hessen. In: *Psychosoziale Umschau*, 1, S. 43.

LISOFSKY, B.; JANSSEN, L. (Hg) (2001): Psychiatrie und Öffentlichkeitsarbeit. Bonn.

MENZEL, S. (2002): Spaß macht eigentlich gar nichts. FH Köln, unveröffentlichte Diplomarbeit.

NAKOS (2003): Leitfaden: Starthilfe zum Aufbau von Selbsthilfegruppen. Berlin.

SAIGER, H. (2002): Die Zukunft der Arbeit liegt nicht im Beruf. München.

SCHMIDT-ZADEL, R.; PÖRKSEN, N.; Aktion Psychisch Kranke (Hg.) (2002): Teilhabe am Arbeitsleben. Arbeit und Beschäftigung für Menschen mit psychischen Beeinträchtigungen. Bonn.

SCHULZ VON THUN, F. (2003): Miteinander reden: Störungen und Klärungen. Reinbek.

Sozialpsychiatrische Informationen (2001): Arbeit für psychisch Kranke. Heft 1.

Autorinnen und Autoren

Doris Appel, Jahrgang 1943, Abitur auf dem Zweiten Bildungsweg, dann Studium der Theologie und Politik, baute das *BüroAktiv – Seniorenbüro und Freiwilligenagentur* in Frankfurt am Main auf und leitete es über zehn Jahre, inzwischen pensioniert.

Manfred Becker, Jahrgang 1954, Studium der Psychologie, dann über 20 Jahre als Berufsbegleiter im PSD/IFD Köln tätig. Nebenbei Aufbau einer Integrationsfirma (Wäscherei). Derzeit wirkt er mit im Modellprojekt »Teilhabe an Arbeit und Beschäftigung für psychisch Kranke«, das die *Aktion Psychisch Kranke e.V.* im Auftrag der Bundesgesundheitsministerin durchführt.

Silke Dennhardt, Jahrgang 1969, Ergotherapeutin, seit 1992 im psychiatrischen Arbeitsfeld mit dem Schwerpunkt chronisch Erkrankte tätig (akutpsychiatrische Versorgung, ambulante Ergotherapiepraxis sowie in Aus- und Fortbildung). Zurzeit MSc-OT-Studentin an der University of Western Ontario in Canada.

Horst Lazarus, Jahrgang 1942, Prof. Dr., Lehrgebiet Klinische Psychologie, tätig auch als Gutachter an Familien- und Vormundschaftsgerichten.

Sibylle Prins, Jahrgang 1959, ursprünglich Sonderschullehrerin, nach kaufmännischer Umschulung zwölf Jahre als Verwaltungsangestellte tätig, inzwischen berentet.

Peter Weber, Jahrgang 1950, ursprünglich Drogist und Fotograf, dann Ergotherapeut mit langjähriger Tätigkeit in einer Tagesklinik in Hannover, Mitbegründer der *Aha*-Initiative für Information, Fortbildung und Entwicklung im Bereich medizinische und Arbeitsrehabilitation, außerdem Mitbegründer von *beta89 – Verein für betreuendes Wohnen und Tagesstrukturierung psychisch Gesundender e.V.* (Hannover). Er ist heute Lehrer an der Ergotherapie-Schule des *Regionalen Kompetenzzentrums Herman-Nohl-Schule* in Hildesheim und Redaktionsmitglied der *Sozialpsychiatrischen Informationen.*